essentials

Essentials liefern aktuelles Wissen in konzentrierter Form. Die Essenz dessen, worauf es als „State-of-the-Art" in der gegenwärtigen Fachdiskussion oder in der Praxis ankommt. *Essentials* informieren schnell, unkompliziert und verständlich

- als Einführung in ein aktuelles Thema aus Ihrem Fachgebiet
- als Einstieg in ein für Sie noch unbekanntes Themenfeld
- als Einblick, um zum Thema mitreden zu können

Die Bücher in elektronischer und gedruckter Form bringen das Fachwissen von Springerautor*innen kompakt zur Darstellung. Sie sind besonders für die Nutzung als eBook auf Tablet-PCs, eBook-Readern und Smartphones geeignet. *Essentials* sind Wissensbausteine aus den Wirtschafts-, Sozial- und Geisteswissenschaften, aus Technik und Naturwissenschaften sowie aus Medizin, Psychologie und Gesundheitsberufen. Von renommierten Autor*innen aller Springer-Verlagsmarken.

Christian Polz

Systemisches Coaching für souveräne Führungspersönlichkeiten

Die Brücke zwischen transformationaler und agiler Führung

Christian Polz
Team-Polz
München, Deutschland

ISSN 2197-6708 ISSN 2197-6716 (electronic)
essentials
ISBN 978-3-658-50887-6 ISBN 978-3-658-50888-3 (eBook)
https://doi.org/10.1007/978-3-658-50888-3

Die Deutsche Nationalbibliothek verzeichnet diese Publikation in der DeutschenNationalbibliografie; detaillierte bibliografische Daten sind im Internet über https://portal.dnb.de abrufbar.

© Der/die Herausgeber bzw. der/die Autor(en), exklusiv lizenziert an Springer Fachmedien Wiesbaden GmbH, ein Teil von Springer Nature 2026

Das Werk einschließlich aller seiner Teile ist urheberrechtlich geschützt. Jede Verwertung, die nicht ausdrücklich vom Urheberrechtsgesetz zugelassen ist, bedarf der vorherigen Zustimmung des Verlags. Das gilt insbesondere für Vervielfältigungen, Bearbeitungen, Übersetzungen, Mikroverfilmungen und die Einspeicherung und Verarbeitung in elektronischen Systemen.
Die Wiedergabe von allgemein beschreibenden Bezeichnungen, Marken, Unternehmensnamen etc. in diesem Werk bedeutet nicht, dass diese frei durch jede Person benutzt werden dürfen. Die Berechtigung zur Benutzung unterliegt, auch ohne gesonderten Hinweis hierzu, den Regeln des Markenrechts. Die Rechte des/der jeweiligen Zeicheninhaber*in sind zu beachten.
Der Verlag, die Autor*innen und die Herausgeber*innen gehen davon aus, dass die Angaben und Informationen in diesem Werk zum Zeitpunkt der Veröffentlichung vollständig und korrekt sind. Weder der Verlag noch die Autor*innen oder die Herausgeber*innen übernehmen, ausdrücklich oder implizit, Gewähr für den Inhalt des Werkes, etwaige Fehler oder Äußerungen. Der Verlag bleibt im Hinblick auf geografische Zuordnungen und Gebietsbezeichnungen in veröffentlichten Karten und Institutionsadressen neutral.

Springer Gabler ist ein Imprint der eingetragenen Gesellschaft Springer Fachmedien Wiesbaden GmbH und ist ein Teil von Springer Nature.
Die Anschrift der Gesellschaft ist: Abraham-Lincoln-Str. 46, 65189 Wiesbaden, Germany

Wenn Sie dieses Produkt entsorgen, geben Sie das Papier bitte zum Recycling.

Was Sie in diesem *essential* finden können

- Sie erhalten einen Überblick über die Ziele und Grundlagen des systemischen Coachings.
- Sie erfahren, wie Sie als Führungspersönlichkeit mit systemischem Coaching eine Performancesteigerung Ihrer Mitarbeitenden, Ihrer Teams und des Unternehmens erreichen – und zur eigenen Performancesteigerung beitragen.
- Sie lesen, dass und wie der systemische Coaching-Ansatz die Brücke zwischen transformationalem und agilem Führen schlägt und zu Führungssouveränität führt.
- Sie lernen, welche Haltung, welches Mindset, welche Kompetenzen und welche kommunikativen Prämissen einer souveränen Führungspersönlichkeit helfen, um mit systemischem Coaching Teams und Mitarbeitende zu Topleistungen zu führen.
- Anhand einiger Beispiele aus der Unternehmens- und Teamführung sowie der Mitarbeiterführung erfahren Sie, wie Sie mit systemischem Coaching zum performanten Unternehmen gelangen.

Competing Interests Der/die Autor*in hat keine relevanten Interessenskonflikte im Zusammenhang mit dieser Publikation.

Inhaltsverzeichnis

Über den Autor

Christian Polz ist Inhaber und Geschäftsführer von Team-Polz. Der Berater, Coach, Trainer und Supervisor coacht und trainiert seit über 20 Jahren erfolgreich Vorstände, Geschäftsführer und Führungskräfte aller Managementebenen. Der Fachbuchautor ist Experte für Unternehmensentwicklung und -führung, Transformation, Mitarbeiterführung, Agilität, Teamentwicklung, und Konfliktmanagement und hat zu „seinen" Themen mehrere Bücher geschrieben, unter anderem das Buch „Souverän in Transformation", das 2025 bei Springer Gabler erschienen ist. Zudem hat der die Bücher „Agile Teamarbeit", „Souverän in Führung" und „Souveräne Unternehmensführung" verfasst.

Kontakt
Team-Polz
Am Münchfeld 57–59
80999 München
Tel.: +49 (0) 171 74 65 223
christian.polz@teampolz.de
www.teampolz.de

Einleitung: Die Bedeutung des dreifachen systemischen Blickes für die Performance

1

Lassen Sie uns gleich zur Sache kommen: Systemisches Coaching wird in den Unternehmen von Führungskräften so gut wie gar nicht angewendet, um lösungsorientiert Probleme anzugehen und Ressourcen und Potenziale zu entwickeln. Es wird zwar viel gecoacht, aber es fehlt am systemischen Weitblick. Viel zu selten werden die Coachingergebnisse im Zusammenhang des gesamten Systems gesehen, etwa im Kontext des Unternehmens und seines Umfeldes. Hinzu kommt: Weder die intrapersonelle Ebene noch die interpersonelle Ebene werden angemessen berücksichtigt.

Das Beispiel zeigt, was passiert, wenn die Coachingergebnisse *nicht* im Zusammenhang des gesamten Systems gesehen werden und es am systemischen Weitblick fehlt.

Beispiel: Nur lösungsorientiertes Coaching – aber kein systemisches Coaching

Die Führungskraft Noah Kornbichler (wenn nicht anders vermerkt, handelt es sich bei den Beispielen in diesem Buch um fiktive Personen, deren Erlebnisse und Erfahrungen allerdings auf authentischen Begebenheiten beruhen) führt ein Coachinggespräch mit einem Low Performer: Der Mitarbeiter Christoph Smolka bringt einfach nicht die Performance und Leistung auf die Straße, die aufgrund seiner Qualifikationen und Kompetenzen von ihm zu erwarten wären. Noah Kornbichler und Christoph Smolka analysieren die Ursachen für die Minderleistungen; der Mitarbeiter zeigt sich selbstkritisch, mit zirkulären Fragen wie „Was glauben Sie, wie erleben Ihre Kolleginnen und Kollegen die Situation?“ regt die Führungskraft Christoph Smolka an, die Auswirkungen seines

© Der/die Autor(en), exklusiv lizenziert an Springer Fachmedien Wiesbaden GmbH, ein Teil von Springer Nature 2026
C. Polz, *Systemisches Coaching für souveräne Führungspersönlichkeiten*, essentials, https://doi.org/10.1007/978-3-658-50888-3_1

Handelns auf sein Umfeld zu reflektieren. Kornbichler und Smolka vereinbaren, Smolka solle versuchen, in Zukunft extrovertierter aufzutreten, mehr auf die Menschen zuzugehen und im Gespräch mit Kunden und Kollegen offener zu agieren. Ziel ist, dass er seine Beratungsprozesse optimiert und zu besseren Kundenbeziehungen gelangt. Auf diese Weise soll er einen substanzielleren Beitrag zur Unternehmensperformance erbringen, als dies gegenwärtig der Fall ist.

So weit, so gut. Doch in der Praxis zeigt sich: Christoph Smolka setzt die Vereinbarungen zwar um. Aber die Menschen in seinem Umfeld sind erstaunt über dessen veränderte Verhaltensweisen. ◄

1.1 Das Ziel: Performancesteigerung auf mehreren Ebenen

Noah Kornbichlers Vorgehen hat wenig mit einem systemischen Coaching zu tun, es fehlt ihm am systemischen Weitblick: Die Führungskraft berät mehr, die Beteiligten reflektieren berufliche Abläufe, es geht um die Verbesserung der Arbeit des Mitarbeiters. Was vollkommen unberücksichtigt bleibt, ist die Perspektive des Umfeldes, der Kollegen, des Teams, der Abteilung, der Kunden und des Unternehmens insgesamt, also die intrapersonelle Situation. Das beginnt schon damit, dass die getroffenen Vereinbarungen das Geheimnis der Beteiligten bleiben und nicht kommuniziert werden. Statt den Kollegen mitzuteilen, dass Christoph Smolka versucht, sein Verhalten zu verändern und etwas extrovertierter aufzutreten, bleibt dies eine interne Verabredung zwischen Führungskraft und Mitarbeiter.

Zudem bedenkt Noah Kornbichler die Folgen der Vereinbarung für die Kundenbeziehungen nicht: Wird es Stammkunden geben, die das Verhalten des sonst eher zurückhaltenden Mitarbeiters zumindest erstaunlich finden? Eventuell sogar irritiert sind? Bisher hat Noah Kornbichler den zurückhaltenden Mitarbeiter eher in Verbindung mit Kunden gebracht, von denen er weiß, dass sie die leisen und unaufdringlichen Gesprächspartner bevorzugen. Wie werden sie auf den „neuen" Christoph Smolka reagieren?

Was Noah Kornbichlers Vorgehen mithin vermissen lässt, ist der systemische Blick, ist der systemische Weitblick, der beim Coaching im Zentrum stehen sollte, um das Ziel zu erreichen, die Performance der beteiligten Menschen, des Teams, der Abteilung und des Unternehmens insgesamt nach vorne zu bringen.

▶ Erfolgreiches systemisches Coaching hat zum einen die Performancesteigerung der beteiligten Menschen – in dem Beispiel die Performance der Führungskraft und des Vertrieblers – zum Ziel und zum anderen die Performancesteigerung des Unternehmens. Es geht um die intrapersonelle und die interpersonelle Performanceverbessrung.

Ich spreche in diesem Kontext vom dreifachen systemischen Blick. Gemeint ist:

- der systemische Blick auf sich selbst, also auf die Führungskraft (intrapersonell).
- der systemische Blick auf das innere System (interpersonell), vor allem die Führungsstrukturen und -abläufe: Wie gelingt der Führungskraft zum Beispiel ein souveränes Führungshandeln, mit dem sie alle Mitarbeitenden ansprechen und abholen kann?
- der systemische Blick auf die Organisation und das weitere Umfeld.

▶ Die Entwicklung des dreifachen systemischen Blicks ist möglich, wenn die Führungskraft verinnerlicht, was systemisches Coaching wirklich bedeutet, nämlich eine ganzheitliche und interdisziplinäre Methode zum Verständnis und zur Lösung komplexer Situationen. Dabei wird die Welt als eine Ansammlung miteinander verbundener und voneinander abhängiger Elemente und Personen betrachtet. Zudem finden die Beziehungen und Wechselwirkungen zwischen diesen Elementen und Personen Beachtung.

1.2 Der Weg zum Ziel: Systemisches Coaching

Entscheidend beim dreifachen systemischen Blick ist: Die Menschen werden nicht als isolierte Individuen gesehen, sondern als Teile ihres sozialen Umfelds. So ist es möglich, die vielschichtigen Beziehungen und Wechselwirkungen, in denen sich die Menschen in Teams und im Unternehmen bewegen, zu berücksichtigen. Und das gilt auch für Noah Kornbichler und ihr Führungshandeln.

Nehmen wir an, Noah Kornbichler würde über eine systemische Coachinghaltung verfügen: Dann ist er in der Lage, die Coachinggespräche mit seinen Mitarbeitenden als einen aktiven und dynamischen Prozess der Auseinandersetzung mit der inneren und der äußeren Realität des Teams, der Abteilung und des Unternehmens zu interpretieren. Es geht mithin nicht um die Weiterentwicklung des

Mitarbeiters allein – nein, es geht ums Ganze. Die Führungskraft kann die Auswirkungen und Konsequenzen ihrer Absprachen und Vereinbarungen mit – zum Beispiel – Christoph Smolka in ihrer Mehrdimensionalität wahrnehmen und interpretieren. Sie geht nun mit einer anderen Erwartungshaltung und Zielsetzung in die Coachinggespräche.

► Systemisches Coaching ist eine hochkomplexe Angelegenheit, weil menschliche Beziehungen und Abhängigkeiten selten eindeutig und nicht immer sofort zu erkennen sind. Außerdem sind sie häufig von Ambivalenz geprägt. Die Führungskraft steht vor der Herausforderung, gegensätzliche Positionen, die sich oft auch noch widersprechen und unvereinbar erscheinen, trotzdem miteinander zu verbinden und eine Synthese zu bilden.

Wenn es der Führungskraft gelingt, mithilfe des ganzheitlichen – oder holistischen – Ansatzes des systemischen Coachings widersprüchliche Sachverhalte miteinander zu verknüpfen, Widersprüche aufzulösen und zu harmonisieren, darf die Rede sein von einer souveränen Führungspersönlichkeit, die die Kompetenz hat, Mitarbeitende und Teams zum verantwortungsvollen und leistungsstarken Arbeiten zu befähigen und fit zu machen für die transformationale Zukunft.

Die folgenden Kapitel zeigen, wie es Ihnen gelingt, sich zu einer souveränen Führungspersönlichkeit zu entwickeln, die zur Weiterentwicklung der Mitarbeitenden, der Teams und des Unternehmens beiträgt – und auch zur eigenen Verbesserung.

Übrigens: Für mich ist die Gleichberechtigung aller Geschlechter eine Selbstverständlichkeit. Darum wechsle ich im Folgenden zwischen der weiblichen und männlichen Form. Dabei gilt, dass ich alle Leserinnen und Leser anspreche und meine. Immer wieder nutze ich neutrale Bezeichnungen und formuliere im Plural. Manchmal ist aus meiner Sicht die Verwendung des generischen Maskulinums aus Gründen der Lesbarkeit des Textes die beste Alternative.

Systemisches Coaching im Führungskontext – die Grundlagen

2

Zusammenfassung

Die Voraussetzung für systemisches Coaching sind eine bestimmte Coachinghaltung und Verhaltensweisen, die an die realen Erfordernisse des jeweiligen Coachingfalls flexibel angepasst werden. Des Weiteren stehen die wichtigsten Grundlagen des systemischen Coachings im Mittelpunkt. Die Führungskraft macht dabei eine Entwicklung durch, bei der der Coachinganteil, den sie in ihrem Führungshandeln nutzt, stetig anwächst.

Um sich zu souveränen Führungspersönlichkeiten entwickeln zu können, ist der ganzheitliche Blick auf Unternehmen, Teams und Mitarbeitende erforderlich. Wer die Zusammenhänge zwischen den Menschen einerseits und den Mitarbeitenden und den Team- und Organisationsstrukturen andererseits erkennt und angemessen interpretiert, ist in der Lage, die Mitarbeitenden zu einem selbstbestimmten Arbeiten und zum Empowerment zu befähigen.

2.1 Die Formel des systemischen Coachingerfolgs

Wer als Führungspersönlichkeit Mitarbeitende erfolgreich systemisch coachen will, ist dieser Formel verpflichtet:

► Coachingerfolg = Coachinghaltung x Verhalten

© Der/die Autor(en), exklusiv lizenziert an Springer Fachmedien Wiesbaden GmbH, ein Teil von Springer Nature 2026

C. Polz, *Systemisches Coaching für souveräne Führungspersönlichkeiten*, essentials, https://doi.org/10.1007/978-3-658-50888-3_2

Mit anderen Worten: Eine performante Führungspersönlichkeit beherrscht das systemische Coaching (den dreifachen systemischen Blick) und die entsprechenden Verhaltensweisen.

2.1.1 Systemische Coachinghaltung als Basis etablieren

Beginnen wir mit der Haltung: Grundlage der Erfolgsformel ist die systemische Haltung, die sich vor allem in dem erwähnten dreifachen systemischen Blick manifestiert. Die Führungspersönlichkeit – im Folgenden auch Coach oder Coachin genannt – lebt und liebt den systemischen Ansatz, indem sie das Unternehmen als hochentwickeltes System mit vernetzten Elementen betrachtet. Sie konzentriert sich darauf, die Beziehungen, Interaktionen und dynamischen Prozesse innerhalb des Systems zu erkennen und zur Grundlage des Coachings zu machen. Während andere Coachingmodelle primär darauf abheben, zu einer besseren Leistung des einzelnen Mitarbeiters – im Folgenden auch Coachee genannt – oder einer optimierten Teamleistung zu gelangen, nimmt der Coach beim systemischen Coaching dezidiert die Gesamtheit von Unternehmen, Team, Individuum und Umgebung in den Blick. Er will Wechselwirkungen erkennen und alle Einflüsse auf das Unternehmen und dessen Prozesse berücksichtigen, um so die folgenden Vorteile des systemischen Denkens zu nutzen:

Übersicht: Vorteile des systemischen Handelns

- *Steigerung der Effektivität und der Effizienz:* Systemisches Handeln hilft, Optimierungspotenziale zu erkennen und Prozesse effektiver und effizienter zu gestalten. Effektiv und effizient heißt: Die richtigen Abläufe werden richtig vorangebracht.
- *Verbesserung der Kommunikationskultur:* Systemisches Handeln fördert die offene und transparente Kommunikation innerhalb des Teams und des Unternehmens.
- *Stärkung der Zusammenarbeit:* Durch systemisches Handeln und systemische Führung gelingen die Optimierung der Teamdynamik und der gemeinsamen Zielorientierung.
- *Verbesserte Flexibilität und Anpassungsfähigkeit:* Systemisches Handeln ermöglicht es, Herausforderungen flexibel zu meistern und sich schnell Veränderungen und Transformationen anzupassen.
- *Realisierung der Agilität und agiler Strukturen:* Ohne den systemischen Blick ist Agilität nicht möglich – oder anders ausgedrückt: Nur mit dem ganzheitlich-systemischen Blick ist Agilität erreich- und umsetzbar.

Die ganzheitliche Ausrichtung steht in einem Zusammenhang mit der integralen Theorie, die der US-amerikanische Managementvordenker Ken Wilber (siehe dazu Wilber 2017, und Polz 2025, S. 43–45) entwickelt hat. Wilber spricht von

- einer individuellen inneren und äußeren Realität sowie
- einer kollektiven inneren und äußeren Realität.

Beide Aspekte finden bei systemischen Fragestellungen gleichermaßen Berücksichtigung. In Anlehnung an Wilber sind vier Ebenen zu differenzieren:

Übersicht: Die vier Ebenen ganzheitlicher Entwicklung

- Ebene 1 (individuelle innere Entwicklung): Im Fokus steht die innere Realität eines Menschen, sein Bewusstsein, seine Werte, seine Überzeugungen und Sinnprägungen, seine kognitive, psychologische und geistige Entwicklung. Der Coach kümmert sich um die innere Entwicklung des Coachees.
- Ebene 2 (individuelle äußere Entwicklung): Es geht um die Fähigkeiten, Kompetenzen, die Verhaltensweisen und Leistungen des Coachees. Die Führungskraft achtet als Coach darauf, die Fähigkeiten des Coachees zu entwickeln und ihn zu Spitzenleistungen zu führen.
- Ebene 3 (kollektive innere Entwicklung): Hier befinden sich die Unternehmens- und Führungskultur, die Kommunikationskultur, die gemeinsamen Werte, Leitbilder, Vorstellungen und Annahmen im Mittelpunkt, die sich oft als ungeschriebene Regeln zeigen. Der Coach achtet auf die tieferen Bedeutungen von Symbolen, Zielen, Visionen und Werten sowie Botschaften, die in den kommunikativen Interaktionen verschlüsselt sind.
- Ebene 4 (kollektive äußere Entwicklung): Die sozialen Strukturen und Prozesse werden untersucht, zum Beispiel die organisatorische Gestaltung, die Arbeitsabläufe, Richtlinien und Verfahren.

2.1.2 Verhaltensweisen flexibel anpassen

Im systemischen Coaching haben die vier Ebenen und der Gedanke der Ganzheitlichkeit sowohl bei Entwicklung der Mitarbeitenden als auch des Teams eine zentrale Bedeutung. Als systemischer Coach stehen Sie vor der komplexen und zuweilen auch komplizierten Herausforderung, ein Individuum oder ein Team in all den

Beziehungen und sozialen Abhängigkeiten zu begreifen. Noch komplexer und komplizierter stellt sich das systemische Coaching dar, wenn es um ein ganzes Team geht. Denn dann nimmt allein die Quantität der Beziehungen und Abhängigkeiten zu.

Beispiel: Systemisches Teamcoaching

Marketingleiterin Helene Sänger begleitet ein Team, in dem es permanent zu Konflikten und Streitigkeiten zwischen zwei Teammitgliedern kommt. Statt ein Gespräch mit den beiden Konfliktparteien zu führen, analysiert sie die Beziehungsdynamiken zwischen allen Teammitgliedern. Der Kern des Konflikts liegt tiefer und hat nicht allein mit den beiden Kontrahenten zu tun, so ihre Vermutung. Und tatsächlich: Die Analyse zeigt: Die Streithähne sind vor allem die Repräsentanten zweier Lager im Team, die bezüglich der Auffassung, wie das Team seine Aufgaben angehen und bewältigen sollte, grundsätzlich unterschiedlicher Auffassung sind. Dabei spielen auch Animositäten zwischen einzelnen Teammitgliedern eine Rolle.

Mithilfe ihres systemischen Blicks und ihrer systemischen Haltung verfügt Marketingleiterin Helene Sänger jetzt über eine solide Grundlage, den wirklichen Konflikt anzugehen und die Teamentwicklung voranzubringen. ◄

Als Coachin hilft Helene Sänger dem Team in dem Beispiel, die zugrunde liegenden Muster des Konflikts und die Beziehungsdynamiken zu verstehen, die zu dem Problem geführt haben. Durch den Einsatz verschiedener systemischer Methoden ermöglicht sie den Mitarbeitenden neue Perspektiven und unterstützt sie dabei, ihre Rollen und Verantwortlichkeiten im Team neu zu definieren, um zu einer verbesserten Zusammenarbeit und Performance zu gelangen. Und damit sind wir beim zweiten Teil der genannten Formel: bei dem Verhalten und den Verhaltensweisen.

Die zum systemischen Coaching fähige Führungspersönlichkeit verfügt zum einen über die genannte Coachinghaltung. Hinzu kommen bestimmte Verhaltensweisen, die dem systemischen Coachingprozess förderlich sind. Diese Verhaltensweisen werden je nach Coachingfall und in Anlehnung an die realen Erfordernisse flexibel angepasst und eingesetzt. Der Coach entscheidet von Fall zu Fall, welche Techniken und welche Coachingtools zum Einsatz kommen sollen. Die Coachinghaltung jedoch bleibt immer dieselbe.

2.1.3 Zentrale Coachingprinzipien beachten

Neben der Formel „Coachingerfolg = Coachinghaltung x Verhalten“ beachtet ein professioneller Coach Prinzipien und Werte, die die Voraussetzung bilden, um mit dem dreifachen systemischen Blick auf einen Coachingfall zu blicken. Dazu zählt unter anderem die Betrachtungsweise, einen Coachingfall als Beziehungsgeflecht zu sehen, in das der Coach Klarheit zu bringen versucht. Er möchte die Rollen der beteiligten Personen und die Dynamiken und Einflussfaktoren in ihren wechselseitigen Abhängigkeiten verstehen. So kann er die Auswirkungen und Konsequenzen einer Handlung auf das gesamte System – das Team, die Abteilung, das Unternehmen – erkennen. Ich erinnere an das Eingangsbeispiel mit Noah Kornbichler und Christoph Smolka: Die Führungskraft muss lernen, die Vereinbarungen zwischen dem Mitarbeiter und ihr an das gesamte Team zu kommunizieren.

Neben dem Systemdenken sind die Ressourcen- und Lösungsorientierung von Bedeutung: In ihrer Rolle als Coach konzentriert sich die Führungskraft auf die Stärken und Ressourcen der Menschen und zielt im Rahmen eines Stärkenmanagements darauf ab, eine Lösung zu entwickeln, durch die die einzelnen Mitarbeitenden und das Unternehmen vorangebracht werden. Es geht ihr weniger um das Erkennen der einer Ursache, die oft nach dem kontraproduktiven Motto „Findet den Schuldigen“ erfolgt, sondern um eine Lösung, in deren Fokus die Stärken und Ressourcen der Menschen steht.

Ein zentrales Prinzip dabei ist die Selbstreflexion, der den Blick öffnet und weitet für neue und andere Perspektiven. Die Reflexionsfähigkeit wird uns noch beschäftigen, wenn es um die Kompetenzen des Coaches geht. Darum hier nur so viel:

Hintergrundwissen: Die Bedeutung der Selbstreflexion
Die Reflexionsfähigkeit ist eine wichtige Kompetenz beim Coaching. Der Zweifel an der Richtigkeit der eigenen Überzeugungen, Entscheidungen und Handlungen stellt eine Grundlage konstruktiver und produktiver Reflexivität dar. Wer die Courage hat, selbstkritisch zu analysieren, warum man bisher – oder in einer bestimmten Situation – geführt hat, wie man geführt hat, kann eingefahrene Wege verlassen. Denn es gilt: Wahrhaftige Veränderung fängt immer bei dem Individuum an, das seine Werte und Glaubenssätze, seine Lebenseinstellung, Überzeugungen und Annahmen auf den Prüfstand stellt. Das bedeutet: Wenn eine Führungskraft als Coach in alte Muster und Reaktionsweisen verfällt, die in der gegebenen Situation kontraproduktiv sind, muss sie erkennen, warum dies geschieht. Es ist ihr Mindset – Werte, Glaubenssätze, Einstellungen, Überzeugungen und Annahmen –, das bestimmt, wie sie coacht und führt. Darum hinterfragt sie ihr Mindset permanent.

2.1.4 Methoden des systemischen Coachings

Als systemischer Coach sollten Sie über einen gut gefüllten Koffer mit Methoden verfügen, die Ihnen helfen, den Coachee zur Zielerreichung zu führen. Dazu zählen zum Beispiel Methoden wie systemische Aufstellungen, zirkuläre Fragen, Skalierungsfragen, das Reframing und der Perspektivenwechsel. Schauen wir zur Verdeutlichung auf den Perspektivenwechsel. Ein systemisch handelnder Coach kann den dreifachen systemischen Blick leisten, wenn er in der Lage ist, seine Sichtweise zu verändern und so:

- die Perspektive des Teams und einzelner Teammitglieder zu verstehen,
- die eigene Perspektive zu benennen und zu hinterfragen,
- das Unternehmen aus verschiedenen Blickwinkeln wahrzunehmen und
- die Einflussfaktoren zu berücksichtigen, die aus dem erweiterten Umfeld des Unternehmens stammen.

Mithilfe des Methoden-Sets ist es möglich, in die Vorstellungswelt des Coachees einzutauchen und neue Sichtweisen aufzubauen. Nehmen wir als Beispiel das Reframing: Mit diesem Tool zielt der Coach darauf ab, die Betrachtungsweise des Problems zu erweitern und zu verändern. Auf diese Weise werden auch neue Handlungsoptionen sichtbar: Beim Reframing führt der Coach den Coachee zur Selbstreflexion seiner Situation, sodass der Coachee sein eigenes Verhalten und die Situation in einen anderen Rahmen setzen kann. Coaching ist immer Hilfe zur Selbsthilfe.

Beispiele für Reframing

Ein Teammitglied beklagt sich über die mangelhafte Kommunikation im Team. Als Grund gibt es an, dass die meisten Teammitglieder in Einzelbüros sitzen und der direkte Austausch so verhindert oder erschwert wird. Nun steht zum einen die Überlegung an, wie sich der Austausch verbessern lässt. Zugleich wird die Frage diskutiert, in welchem anderen Rahmen das Problem „Einzelbüros“ betrachtet werden kann, um positive Aspekte zu finden (= Reframing). Die Diskussion führt auch das Teammitglied, das sich über die mangelhafte Kommunikation im Team beklagt hat, zu der Meinung: „Wir können so sehr konzentriert arbeiten“ und „Wir treffen uns nur dann zum Meeting, wenn es wirklich erforderlich ist“. So lassen sich dem Problem „Einzelbüros“ konstruktive Aspekte abgewinnen.

Ein anderes Beispiel ist: Im Coachingprozess gelingt es einer Mitarbeiterin, ihre aufbrausende Art in einen positiven Rahmen und Kontext zu setzen, indem sie diesen Charakterzug als Möglichkeit erkennt, Konflikte rasch anzusprechen und einer Lösung zuzuführen: „Mit meiner Art bringe ich Konflikte unmissverständlich auf den Punkt, und das ist hilfreich für die Problemlösung!" ◄

Zudem ist ein kompetenter systemischer Coach ein virtuoser Meister des aktiven Zuhörens und der Fragekunst. Er versteht es, zwischen den Zeilen zu lesen, und das Gehörte zu paraphrasieren, also in eigenen Worten zusammenzufassen. Oder er lässt den Coachee den Gesprächsinhalt paraphrasieren. So klärt er ab, ob der Coachee alles richtig verstanden hat und sich die Gesprächspartner (immer noch) auf derselben inhaltlichen und emotionalen Ebene bewegen.

Aktives Zuhören und Fragekunst belegen sein innerliches Beteiligtsein und verdeutlichen: „Ich kann und will Dich verstehen und Deine Beweggründe nachvollziehen." Er gibt keine Antworten, sondern beherrscht die Kunst, mit Fragetechnik den Coachee die Lösung eines Problems selbst entdecken zu lassen. Dabei nimmt er eine Metaperspektive ein und analysiert eine Situation oder ein Problem aus der Helikopterperspektive. So versteht er es, den Coachee dazu zu bewegen, die Situation ebenfalls aus der Meta-Perspektive zu betrachten. Nun kann der Coachee den Standpunkt der Abteilung oder des Unternehmens einnehmen und neben eigenen Interessen auch die unternehmerische Gesamtentwicklung beachten.

Besondere Bedeutung gewinnen in diesem Zusammenhang zirkuläre Fragen, also Fragen, mit denen der Coach Abhängigkeiten im System verdeutlicht. Die eigenen Handlungen werden mit zirkulären Fragen nicht mehr individuell, sondern systemisch gesehen. Das ermöglicht eine neue Perspektive auf das Gesamtsystem. Denn mit zirkulären Fragen gelingt es, Denkprozesse beim Gegenüber in Gang zu setzen, indem er durch sie dazu aufgefordert wird, den Blickwinkel einer anderen Person einzunehmen.

► Anstatt den Coachee direkt zu fragen, wie er eine Situation bewertet – diese Beschreibung erhält er ohnehin –, fragt der Coach, welche Einschätzung andere Personen mit einiger Wahrscheinlichkeit vornehmen werden: „Was glauben Sie, werden Ihre Kollegen/Ihre Führungskraft/Ihre Mitarbeitenden zu Ihrer Entscheidung sagen?"

2.2 Zwischen transformationaler und agiler Führung – die Brückenfunktion des systemischen Coachings

Auf ihrem Weg zur Führungspersönlichkeit und zum systemischen Coach durchläuft die Führungskraft eine Entwicklung, die sich in der Abb. 2.1 spiegelt.

Das Führungsmodell beschreibt den Zusammenhang zwischen dem Reifegrad der Führungskraft und ihren Kompetenzen. Je höher der Reifegrad und je vielfältiger die Kompetenzen, desto mehr entwickelt sie sich zu einer echten Führungspersönlichkeit, die in der Lage ist, die unterschiedlichen Führungsstile souverän einzusetzen und sich der Komplexität der Führungsherausforderung zu stellen. Wiederum gilt: Die Coachinghaltung ist immer dieselbe, aber die Fähigkeit, Mitarbeitende und Teams coachend zu unterstützen, nimmt von Stufe zu Stufe zu:

- In dem Führungsmodell nimmt der Coachinganteil quantitativ und qualitativ immer mehr zu. Die Führungskraft denkt und handelt zunehmend wie ein Coach, sie verinnerlicht die coachende Haltung und Denkweise. Zudem beherrscht sie immer mehr Tools, Methoden und Verhaltensweisen, die im Rahmen eines Coachings eine Rolle spielen.

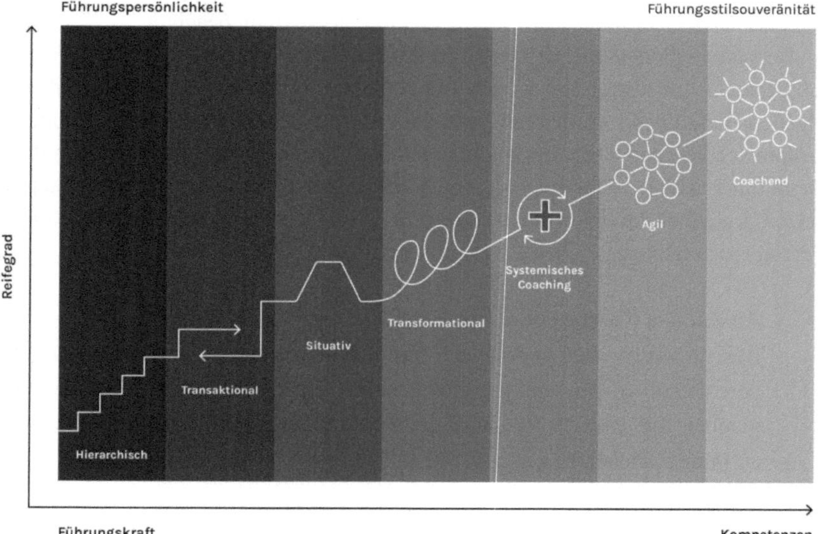

Abb. 2.1 Systemisches Coaching als Brücke zwischen transformationalem und agilem Führen. (Quelle: Team-Polz, Illustration: Renoarde GmbH, Regensburg)

Konkret bedeutet das (siehe Polz 2023):

- *Hierarchische Stufe:* Die Führungskraft agiert vor allem mithilfe von Anweisungen und Direktiven zwar wertschätzend, aber doch mit Top-down-Entscheidungen. In einem eher überschaubaren Rahmen versteht sie es, Mitarbeitende und Teams coachend zu unterstützen. Falls erforderlich, ist sie in der Lage, etwa ein Coachinggespräch zu führen.
- *Transaktionale Stufe:* Sie versteht sich als Dealmakerin, die Wenn-dann-Vereinbarungen (Deals) trifft und begleitet diese Deals gegebenenfalls mit Coachingelementen.
- *Situative Stufe:* Sie baut empathisch vertrauensvolle Beziehung auf und stellt das Individuum in den Mittelpunkt, behält aber stets die Führungszügel in den Händen, auch dann, wenn sie coachend agiert.
- *Transformationale Stufe:* Sie sieht die Mitarbeitenden als Verantwortungsträger und führt mit Vorbild, Vertrauen, Vision und Sinnstiftung. Dies geht mit der zunehmenden Emanzipation der Mitarbeitenden einher, die sich ihren Weg zum Ziel selbst bahnen. Die Führungskraft leistet als Coachin Unterstützung.
- *Systemisches Coaching* als Brücke zwischen transformationaler und agiler Führung.
- *Agile Stufe:* Die Führungskraft agiert im hierarchiefreien Netzwerk in der Rolle, die notwendig ist. Sie gibt als Ermöglicherin den Rahmen vor und handelt als Coachin, die den dreifachen systemischen Blick beherrscht und die Beziehungen, Abhängigkeiten und Wechselwirkungen zwischen den Mitarbeitenden, im Team und im Unternehmen sowie in dessen erweitertem Umfeld beachtet.
- *Coachende Stufe:* Sie gibt mit stärkenfokussiertem Coaching Hilfe zur Selbsthilfe, entwickelt Potenziale, agiert primär mit Fragen und unterstützt die Coachees bei der Persönlichkeitsentfaltung.
- *Souveräne Stufe:* Die Führungskraft agiert souverän und virtuos als systemische Coachin und handelt hochreflektierend und antizipativ.

▶ Systemisches Coaching schlägt die Brücke zwischen transformationalem und agilem Führen und führt zu Führungssouveränität.

2.3 Die Führungskraft als Coach: Vertrauen als Grundlage

Die Führungspersönlichkeit tritt im Coachingprozess aus ihrer Rolle als Vorgesetzter und Führungskraft heraus und nimmt die Rolle eines Coaches wahr. Dabei kann sie in einen Rollenkonflikt geraten, denn einerseits ist und bleibt sie disziplinarische Führungskraft, andererseits soll sie den Mitarbeiter als Berater und Partner unterstützen. Darum gehört es zu ihrer Haltung, klar zwischen den Rollen als Coach und als Vorgesetzter zu unterscheiden und diese Unterschiede den Mitarbeitenden zu kommunizieren.

Trotzdem werden die Mitarbeitenden dem Rollenwechsel nicht immer vorbehaltlos trauen und Probleme damit haben, ihn nachzuvollziehen und zu akzeptieren. Es ist gewöhnungsbedürftig, wenn die Chefin einer Mitarbeiterin auf einmal nicht mehr als Führungskraft, sondern als Coachin entgegentritt. Während die Führungskraft auch als Anweiserin vom Spielfeldrand aus mit Anweisungen agiert, kommuniziert sie als Coachin auf Augenhöhe auf dem Spielfeld selbst. Gerade unter dem ganzheitlichen und systemischen Ansatz spielen die persönlichen Zielsetzungen und Entscheidungen der Mitarbeiterin eine Rolle, zumindest wenn sie mit dem organisatorischen Umfeld vernetzt sind. Zuweilen kommen im Coachinggespräch persönliche und private Aspekte zur Sprache. Das ist im klassischen Mitarbeitergespräch eher nicht der Fall. Und das heißt:

► Im Coaching stehen zum einen die Unternehmensziele im Fokus, zum anderen aber auch das Wohl und die Erwartungen und Bedürfnisse der Mitarbeitenden.

Coaching ist dann möglich, wenn die Beteiligten Vertrauen zueinander fassen, das von Glaubwürdigkeit und gegenseitigem Respekt geprägt ist. Gerade dieses Vertrauensverhältnis führt dazu, dass im Coaching nicht nur fachliche Aspekte thematisiert werden können, sondern ebenso die Verhaltenskompetenz und die Persönlichkeitsentwicklung des Coachees.

Das ist unter dem systemischen Gesichtspunkt von besonderer Relevanz: Ziel ist, das sich die Mitarbeitenden nicht nur als Träger einer Rolle oder Funktion weiterentwickeln, sondern als ganze Persönlichkeiten.

Gelingt der Aufbau des Vertrauensverhältnisses, ist die Voraussetzung für ein erfolgreiches systemisches Coaching gegeben. Die Führungspersönlichkeit spricht jetzt Aspekte an, die im „normalen“ Mitarbeiter-Führungskraft-Verhältnis in aller Regel nicht diskutiert werden.

Nutzen Sie also jede Möglichkeit, ein Vertrauensverhältnis zu den Mitarbeitenden aufzubauen, die Sie coachen wollen. Die Übersicht zeigt einige wichtige Vertrauenstreiber.

Übersicht: Vertrauenstreiber nutzen

- Vertrauenstreiber *Neutralität:* Verdeutlichen Sie dem Coachee, dass Sie seine Interessen vertreten und seine Potenzialentwicklung und -entfaltung anstreben. Sie vertreten nicht nur die Interessen des Unternehmens.
- Vertrauenstreiber *Freiwilligkeit:* Als Führungskraft befinden Sie sich immer in einer höhergestellten Position und bleiben – zumindest aus Sicht des Coachees – eine Person, die ihn in seinem täglichen Handeln beobachtet und bewertet. Eventuell schließt er daraus, er *müsse* am Coachingprozess teilnehmen. Darum sollte die Teilnahme freiwillig erfolgen. Erläutern Sie dem Coachee die Sinnhaftigkeit und die Vorteile, die er durch das systemische Coaching erfährt.
- Vertrauenstreiber *Autonomie:* Treten Sie nie als allwissende oder überlegene Führungskraft auf, die dem Mitarbeiter einen vorgegebenen Weg weist und vorgefertigte Lösungen präsentiert. Als Coach begleiten Sie ihn auf dem Weg zu seinem selbst gesteckten Ziel – sie sind Gesprächspartner, Feedbackgeber, Ratgeber, Unterstützer und Förderer, der ihn dabei unterstützt, seine Potenziale zu entfalten. Es ist der Mitarbeiter selbst, der autonom entscheidet, ob er den Weg zur Zielerreichung, den Sie mit ihm erarbeiten, gehen will.
- Vertrauenstreiber *Respekt:* Der Coachingprozess läuft unter den Prämissen Wertschätzung, Vertraulichkeit, Offenheit, Transparenz und Kooperation ab. Coach und Coachee wollen das Ziel gemeinsam erreichen.
- Vertrauenstreiber *Individualität:* Die Führungspersönlichkeit berücksichtig den jeweiligen Reifegrad der Coachees und stimmt ihr Führungshandeln auf deren Individualität ab.

Der Wille zur Veränderung sollte stets vom Coachee ausgehen. Sie helfen ihm, den freiwillig eingeschlagenen Weg weiterzuverfolgen. Das heißt: Die wichtigste Person auf dem Weg zu seinem besten Selbst ist der Coachee – nicht der Coach oder die Führungskraft. Denn niemand als der Coachee selbst weiß besser, zu welchem Menschen er sich entwickeln kann und will. Darum stärkt die Führungskraft dessen Selbsthilfekräfte. Mit Neugier, Intuition und aufrichtigem Interesse lässt sie sich empathisch auf die Betrachtung der Innenwelt des Gesprächspartners ein, um dessen berufliche und persönliche Weiterentwicklung zu fördern.

Fazit

- Beim systemischen Coaching ist die Formel „Coachingerfolg = Coachinghaltung x Verhalten“ erfolgsentscheidend. Eine performante Führungspersönlichkeit beherrscht das systemische Coaching (den dreifachen systemischen Blick) und die entsprechenden Verhaltensweisen. Wer als Führungspersönlichkeit Mitarbeitende systemisch coachen will, ist dieser Formel verpflichtet.
- Systemisches Coaching ist die Begleitung des Coachees auf dem Weg zu gewollten Entwicklungen unter Berücksichtigung des Umfeldes, in dem sich der Coachee bewegt.
- Zentrale Kompetenz ist die Selbstreflexion. Der Coach beherzigt bestimmte Prinzipien, setzt spezifische Methoden ein und beherrscht den Vertrauensaufbau, denn Vertrauen stellt die Grundlage einer jeden Coachingbeziehung dar.
- Auf dem Entwicklungsweg zur Führungspersönlichkeit und zum systemischen Coach erhöht die Führungskraft in ihrem Führungshandeln nach und nach den Coachinganteil.

Literatur

Polz, C. (2025). *Souverän in Transformation. Den Weg zur transformationalen Unternehmenskultur aktiv und kreativ gestalten.* Springer Gabler.

Polz, C. (2023). *Souverän in Führung. Strategien und Mindset für erfolgreiches Leadership in Zeiten von New Work.* Wiley Verlag.

Wilber, K. (2017). *Integrale Spiritualität. Spirituelle Intelligenz rettet die Welt.* Kösel, 4. Auflage.

3 Systemisches Mindset: Die sieben Haltungen der Führungspersönlichkeit

Zusammenfassung

Um im Coaching den dreifachen systemischen Blick zu entwickeln, ist ein spezifisches Mindset erforderlich, das sich in sieben Haltungen niederschlägt. Dabei geht es um Werte, Glaubenssätze, Einstellungen, Überzeugungen und Annahmen, ohne die ein ganzheitliches Handeln nicht möglich ist.

Um sich selbst, die Führungsstrukturen und -abläufe sowie das Team, das Unternehmen und das erweiterte Umfeld systemisch wahrnehmen zu können, sind diese Haltungen Voraussetzung:

Übersicht: Die sieben systemischen Haltungen

1. Sich auf das Gesamtbild fokussieren
2. Offen sein für den Perspektivenwechsel
3. BANI- und VUKA-Herausforderungen ganzheitlich begegnen
4. Nicht-Wissen als Chance sehen
5. Verantwortung für das gesamte System übernehmen
6. Ohne Reflexion kein Handeln
7. Das performante Unternehmen als Ziel

© Der/die Autor(en), exklusiv lizenziert an Springer Fachmedien Wiesbaden GmbH, ein Teil von Springer Nature 2026
C. Polz, *Systemisches Coaching für souveräne Führungspersönlichkeiten*, essentials, https://doi.org/10.1007/978-3-658-50888-3_3

3.1 Haltung 1: Stets das Gesamtbild in den Fokus rücken

Führung bedeutet, Wirkzusammenhänge und Mechanismen zu erkennen und zu analysieren und seine Handlungen auf diese Kenntnis und Analyse abzustimmen. Eine systemische Führungspersönlichkeit wirft den Blick auf das große Ganze und nimmt das Gesamtbild in den Fokus, um auf der Basis der ganzheitlichen Sichtweise Schritte zu gehen, die eine nachhaltige Zielerreichung ermöglichen. Darum darf sie keine Angst vor Komplexität und vor komplexen Zusammenhängen haben. Das gilt insbesondere für die oft kaum durchschaubare Komplexität zwischenmenschlicher Beziehungen, etwa in einem Team.

Beispiel: Mit ganzheitlichem Blick die innere Teamordnung analysieren

Marketingleiterin Helene Sänger – wir kennen sie aus dem Kapitel zu den systemischen Grundlagen – berücksichtigt bei der Konfliktlösung stets die innere Ordnung des Teams (Polz 2019, S. 66–70). So fragt sie sich, wer das Sagen in dem Team hat, welche Rangordnungen es gibt und welche Normen, Sitten und Regeln die Stabilität und Dynamik des Teams beeinflussen.

Von besonderer Bedeutung ist die Unterscheidung zwischen den formalen, oft auch ausformulierten Normen, und den Regeln, die auf der informellen Ebene dominieren, häufig jedoch nicht ausformuliert sind – und dennoch die formalen Normen überlagern. Helene Sänger kennt das Phänomen des heimlichen Teamführers, der im Hintergrund agiert, aber trotzdem – oder gerade deswegen – einen enormen Einfluss auf das Teamgefüge ausübt. Es mag einen offiziellen Anführer geben, der auf der Vorderbühne agiert. Im Hintergrund jedoch, auf der Hinterbühne steuert ein anderes Teammitglied das Tun und die Entwicklung des Teams.

Darum: Helene Sänger differenziert klar zwischen den formellen, offiziellen und sichtbaren Regeln (= Vorderbühne) und den informellen, inoffiziellen und nicht sichtbaren Regeln (= Hinterbühne). ◄

3.2 Haltung 2: Mit Offenheit und Flexibilität zum Perspektivenwechsel

Wer im Teamgefüge das Gesamtbild sehen und analysieren will, muss damit rechnen, ständig auf neue Wechselbeziehungen und Abhängigkeiten zu stoßen und permanent mit Veränderungen auf der Inhalts- und auch der Beziehungsebene konfrontiert zu werden. Dies kann nur gelingen, wenn die systemische Führungspersönlichkeit zum Perspektivenwechsel in der Lage und bereit ist, sich in andere Vorstellungswelten hineinzubegeben, und zwar unvoreingenommen und mit der kognitiven Flexibilität, neuen Erfahrungen offen und flexibel zu begegnen. Entscheidend dabei ist, das Nebeneinander oft auch widersprüchlicher Ideen, Gefühle und Sachverhalte aushalten und konstruktiv mit diesem bunten Perspektivenreichtum umgehen zu können.

Beispiel: Multiperspektivisches Denken und Handeln

Marketingleiterin Helene Sänger hat sich in Coachingsitzungen und Trainings, vor allem in Rollenspielen, die Haltung erarbeitet, sich „in die Schuhe anderer Menschen“ und Mitarbeitenden stellen zu wollen und stellen zu können. So gelingt es ihr, selbst Einstellungen zu verstehen und nachzuvollziehen, die den eigenen Überzeugungen diametral entgegenstehen. Nach und nach hat sie die eindimensionale Egobrille abgelegt und sich die mehrdimensionalen Wahrnehmungsbrillen aufgesetzt. So hat sie sich von der Fixierung auf die eigenen Meinungen und subjektiven Überzeugungen befreit und sich eine multiperspektivische Denk- und Handlungsweise angeeignet. ◄

3.3 Haltung 3: Den BANI- und VUKA-Herausforderungen systemisch begegnen

Die Zeiten sind vorbei, in denen es den Unternehmen gelang, die unternehmerischen Herausforderungen mit einer einheitlichen Organisations- und Teamstruktur zu begegnen. In einem immer komplexer werdenden Umfeld, in dem sich die unternehmerischen Rahmenbedingungen von Tag zu Tag verändern, sind die Dinge nicht mehr nur *v*olatil (unbeständig), *u*nsicher, *k*omplex und *a*mbivalent (VUKA). Sie sind überdies BANI (Grabmeier 2021). Das Akronym BANI steht für

- *B*rittleness/brüchig,
- *A*nxiety/ängstlich, besorgt,
- *N*on-linearity/nichtlinear, keiner stringenten Logik folgend und
- *I*ncomprehensibility/unbegreiflich, unverständlich.

Die Abb. 3.1 zeigt die Bedeutung des Prozesses des Werdens für die BANI-Welt auf.

BANI verweist auf die Notwendigkeit, den komplexen und dem (zeitlich lang) andauernden Prozess des Werdens und der Weiterentwicklung mit einer Vision, systemischer Klarheit und ganzheitlicher Lösungsorientierung zu gestalten. Darum verbietet es sich für eine Führungskraft, in einer BANI- und VUKA-Welt mit einer eindimensionalen und nicht streng ganzheitlich ausgerichteten Haltung zu agieren. Das wäre kontraproduktiv und zum Scheitern verurteilt, weil diese Haltung dem Spannungsverhältnis zwischen unvereinbaren Mehrdeutigkeiten und Gegensätzen nicht gerecht werden kann.

Damit nicht genug: Wenn die Situation auch noch durch politische, gesellschaftliche oder wirtschaftliche Krisen im Umfeld des Unternehmens verstärkt wird, kann sich eine nicht-systemische Haltung endgültig als unüberwindbares Hindernis herausstellen. In der Folge geraten die Unternehmen und die Mitarbeitenden und Führungskräfte unter erheblichen Druck. Daher gilt:

Abb. 3.1 Die BANI-Welt. (Quelle: Team-Polz, Illustration: Miriam Barton)

▶ Neben der systemischen Einstellung sind Belastbarkeit und Resilienz, Empathie und Achtsamkeit, Anpassungsfähigkeit, Transparenz und Intuition notwendig, um in der BANI-Welt bestehen und die Mitarbeitenden und Teams zum Erfolg coachen zu können.

3.4 Haltung 4: Nicht-Wissen akzeptieren und als Chance interpretieren

Eine ganzheitlich handelnde Führungspersönlichkeit strebt zwar den umfassenden Blick auf das große Ganze an. Zugleich jedoch weiß sie um ihre Grenzen und Beschränkungen. Es gibt den berühmten Satz des griechischen Philosophen Sokrates (469–399 v. Chr.) „Ich weiß, dass ich nichts weiß", der zum Ausdruck bringt, dass das Neue an der Grenze zum Unbekannten entstehen kann, zugleich aber, dass er sich der Grenzen seines Wissens bewusst ist. Sich darüber im Klaren zu sein, etwas nicht zu wissen, ist Ausgangspunkt und Impulsgeber dafür, die Grenze, die zwischen Nicht-Wissen und Wissen verläuft, zu überschreiten und sich neues Wissen anzueignen. Das Bewusstsein des Nicht-Wissens ist für die systemische Führungspersönlichkeit Anlass, neues Wissen zu erwerben.

Beispiel: Die Neugier aufs Unbekannte macht den Unterschied

Marketingleiterin Helene Sänger schaut neugierig und interessiert in die Welt auch des Unbekannten. Sie will möglichst viel über die Bedürfnisse, Einstellungen, Verhaltensweisen und Motivatoren anderer Menschen erfahren. Denn nur auf diese Weise – so ihre ganzheitlich grundierte Überzeugung – lässt sich der angestrebte Überblick des Gesamtbildes zunehmend vervollständigen. ◀

In früheren Zeiten pflegten Kartografen „Drachen" in ihre Karten einzuzeichnen, um so Seefahrer davor zu warnen, in unbekanntes Gewässer zu segeln. Einige Seeleute nahmen das Zeichen wörtlich und scheuten das Risiko, in Drachengebiete vorzudringen. Andere allerdings sahen im Drachen eine Chiffre für eine Chance und wollten die Möglichkeit nutzen, in unerforschtes Neuland vorzustoßen. Und genau das ist die Haltung, die eine systemische Führungspersönlichkeit auszeichnet!

Sie will unbekanntes Neuland betreten, auch um die Gefahr, dass sich so die mehrdeutigen, ambivalenten und unsicheren BANI- und VUKA-Welten vergrößern könnten. Dabei hilft, dass Führungspersönlichkeiten in der Regel über eine ausgeprägte Ambiguitätstoleranz verfügen: Sie können mit Unsicherheit, Mehrdeutigkeit und widersprüchlichen Informationen konstruktiv umgehen, sind darum gegen Schwarz-Weiß-Denken gefeit. Sie besitzen aufgrund ihrer systemischen Haltung die Kompetenz, in Sowohl-als-auch-Kategorien zu argumentieren, und können Gegensätze akzeptieren und stehen lassen, ohne sie unbedingt auflösen zu wollen. Denn für sie ist klar: Weiterentwicklung und Fortschritt sind oft nur durch Widerstand, Reibung und das Austarieren – oder Aushalten – von Gegensätzen sowie die Integration anderer Perspektiven in das eigene Weltbild und Meinungsspektrum möglich.

3.5 Haltung 5: Sich für das gesamte System verantwortlich einsetzen

Eine systemische Führungspersönlichkeit fühlt sich zum einen verantwortlich für das gesamte System: das Unternehmen insgesamt, alle Teams und alle Mitarbeitenden. Zum anderen zieht sie daraus die Konsequenz, sich verantwortlich für die Weiterentwicklung des Unternehmens, der Teams und der Mitarbeitenden zu engagieren. Während andere Führungskräfte es vermeiden, über den Tellerrand des eigenen Tätigkeits- und Verantwortungsbereiches zu blicken, will die Führungspersönlichkeit dezidiert Verantwortung wahr- und übernehmen. Darum fällt es ihr leicht, ihrerseits den Mitarbeitenden zu vertrauen, ihnen etwas zuzutrauen und ihnen die Gesamtverantwortung zu übertragen.

Beispiel: Ganzheitlich delegieren

In früheren Führungszeiten hat Marketingleiterin Helene Sänger anhand der Kompetenzen der Mitarbeitenden entschieden, an wen sie was delegieren kann. Sie hat im Rahmen eines klassischen Delegationsmanagements die Aufgaben auf deren Verfasstheit abgestimmt. Kam es zu einer Fehleinschätzung, scheiterten die Mitarbeitenden also an der übertragenen Aufgabe, erfolgte die Rückdelegation: Die Aufgabe landete wieder bei ihr auf dem Schreibtisch.

Jetzt schaut es anders aus: Nachdem sie den systemischen Blick etabliert hat und das Gesamtbild zu sehen in der Lage ist, passt sie die Aufgaben nicht den Mitarbeitenden an, sondern stimmt ihr Führungsverhalten antizipativ auf die Mitarbeitenden ab. Das bedeutet: Die Marketingleiterin vertraut den Mitarbeitenden, in Eigenverantwortung ihr gesamtes Tätigkeitsfeld auszufüllen. Sie nimmt sich zurück und gibt die Führungszügel aus der Hand. Sie delegiert systemisch und überträgt ganze Aufgabenbereiche, alle dazu erforderlichen Kompetenzen – und vor allem die Gesamtverantwortung. ◄

3.6 Haltung 6: Erst die Reflexion, dann das Handeln

Intuition und Bauchgefühl spielen im Führungsprozess und im Coaching gewiss eine Rolle. Und das ist auch richtig so. Allerdings: Aufgrund der Komplexität des systemischen Coachings tendiert die Führungspersönlichkeit dazu, dem Primat der Reflexion und vor allem der Selbstreflexion zu folgen, um ihre Fähigkeit, multiperspektivisch zu denken und zu handeln, kontinuierlich auszubauen. Dazu hinterfragt sie ihr Denken und Tun und stellt es auf den Prüfstand. Sie will sicherstellen, dass ihre Entscheidungen der Verbesserung aller Abläufe in Unternehmen, Abteilung und Teams gerecht werden. Das gilt für ihre Coachinggespräche und ihr Führungshandeln.

Zudem setzt sie sich bewusst der Kritik aus und fordert offensiv Rückmeldungen ein – bei der Geschäftsleitung, ihrer eigenen Führungskraft und den Mitarbeitenden. Es gehört zum ganzheitlichen Erwartungshorizont der systemischen Führungspersönlichkeit, ein 360-Grad-Feedback einzuholen und ein umfassendes Bild der eigenen Persönlichkeit zu erhalten. Sie hat ein Interesse daran, ihr Handeln einschätzen und bewerten zu lassen – durch sie selbst, aber vor allem durch relevante Personen in ihrem Umfeld. Das kritische Hinterfragen der eigenen Position erfolgt mit der Zielsetzung, Verbesserungspotenziale zu entdecken und zu nutzen.

Beispiel: Mit Ambivalenz produktiv umgehen

Marketingleiterin Helene Sänger trainiert die Fähigkeit, in Widersprüchen und Sowohl-als-auch-Kategorien zu denken: Im Arbeitsalltag gibt es oft Ambivalenzen. Daher versucht sie, die Gegensätze bewusst zu formulieren und sie sich zu vergegenwärtigen, um auf dieser Grundlage nach Lösungen zu suchen. Diese Vorgehensweise hilft ihr auch in komplexen Gesprächen mit Coachees weiter, deren Verhalten häufig gleichfalls durch Widersprüchlichkeiten und Mehrdeutigkeit gekennzeichnet ist. ◄

3.7 Haltung 7: Mit Stärkenfokussierung und Ressourcenmanagement zum performanten Unternehmen

Letztendlich dient das systemische Coaching der Performance- und Leistungssteigerung: Die Führungspersönlichkeit will besser werden, sie möchte den Teams, den Abteilungen und dem Unternehmen helfen, die jeweiligen Ziele zu erreichen und zu wachsen. Vielleicht will sie sogar – pathetisch gesprochen – dazu beitragen, die Welt zu einem besseren Ort zu machen.

▶ Die systemische Führungspersönlichkeit strebt das performante Unternehmen an.

Auf dem Weg zum performanten Unternehmen hat sich die Führungspersönlichkeit die Ziele Potenzialentwicklung, Stärkenfokussierung und Ressourcenmanagement auf die Fahnen geschrieben. Sie ist kein Problemsucher, sondern ein Lösungsfinder und will darum Stärken, Potenziale und brachliegende Ressourcen aktivieren. Zwar will sie auch Defizite erkennen und Schwächen ausräumen. Ihr Fokus jedoch liegt darauf, die Stärken und Potenziale der Menschen und des Unternehmens als Ausgangspunkte für die bessere Zielerreichung zu nutzen.

Hier reichen sich das Ziel, ein performantes Unternehmen zu etablieren, und das systemische Handeln die Hände: Denn mit systemischem Handeln und Coaching sowie dem ganzheitlichen Blick aufs Gesamtbild gelingt es meistens eher, Stärken und Potenziale zu erkennen und Prozesse effektiver und effizienter zu gestalten.

Fazit

Das Mindset der systemischen Führungspersönlichkeit kulminiert in sieben Aussagen:

- „Ich fokussiere mich stets auf das Gesamtbild!“
- „Ich bin offen für den Perspektivenwechsel!“
- „Ich begegne den BANI- und VUKA-Herausforderungen mit ganzheitlichem Handeln!“
- „Ich sehe Nicht-Wissen als Chance, neues Know-how zu erwerben!“
- „Ich übernehme Verantwortung für das gesamte System!“
- „Bevor ich handle und umsetze, gehe ich immer erst in die Reflexion!“
- „Ich strebe mithilfe eines Stärkenmanagements das performante Unternehmen an!“

Literatur

Grabmeier, S. (2021). *It's BANI? Neues Sensemaking-Modell.* In: managerSeminare, Heft 275, Februar 2021, S. 24–30.

Polz, C. (2019). *Agile Teamarbeit. Mit menschlich-agilem Leadership Teams und Unternehmen erfolgreich in die Zukunft führen.* BusinessVillage.

4 Die sieben wichtigsten Kompetenzen der Führungspersönlichkeit im systemischen Coaching – und wie sie diese Kompetenzen aufbaut

Zusammenfassung

Mindset und Verhaltensweisen sind nicht alles. Die systemische Führungspersönlichkeit benötigt im ganzheitlichen Coachingprozess spezifische Kompetenzen, um ihre Coachingziele zu erreichen und dem Anspruch einer systemischen Vorgehensweise gerecht zu werden.

Systemisches Coaching verlangt eine Vielzahl an hervorragend ausgeprägten Fähigkeiten. Die Übersicht zeigt die meiner Erfahrung nach zentralen Kompetenzen.

Übersicht: Sieben Kompetenzen für systemisches Coaching

1. Fähigkeit, aktiv zuzuhören und konstruktiv Fragen zu stellen
2. Kompetenz, Reflexionsenergie aufzubauen
3. Fähigkeit, ein Vertrauensverhältnis zu etablieren
4. Kompetenz, den Coachee auf seinem Lebensweg zu unterstützen, sodass er eigene Lösungen findet
5. Fähigkeit, sich flexibel anzupassen
6. Kompetenz, die richtigen Methoden, Techniken und Tools auszuwählen
7. Fähigkeit zum lebenslangen Lernen

© Der/die Autor(en), exklusiv lizenziert an Springer Fachmedien Wiesbaden GmbH, ein Teil von Springer Nature 2026

C. Polz, *Systemisches Coaching für souveräne Führungspersönlichkeiten*, essentials, https://doi.org/10.1007/978-3-658-50888-3_4

Um die Inhalte dieses Kapitels von denen des Mindset-Kapitels abzugrenzen, folge ich der Kompetenzdefinition des Kompetenzexperten John Erpenbeck: „Kompetenzen sind (...) unverwechselbar in Bezug auf die Handlungsfähigkeit – sie ermöglichen selbstorganisatives, kreatives Handeln in eine offene Zukunft hinein –, in Bezug auf die innere Struktur – sie ‚enthalten' Wissen im engeren Sinne, Fertigkeiten und Qualifikationen, sind aber um Wertekerne zentriert (...) sie haben ihr Schwergewicht auf der Handlungsausführung, dem performativen Aspekt." (Erpenbeck 2012, S. 18) Im Fokus steht die Fähigkeit, in offenen Problem- und Entscheidungssituationen selbstorganisiert und kreativ handeln zu können (ebd., S. 23). Führungskräfte brauchen Kompetenzen, um komplexe Problemstellungen zu bewältigen und zu lösen sowie schwierige Situationen zu meistern. Die Definition umfasst also auch systemische Aspekte – Kompetenzen scheinen Voraussetzung zu sein, um die systemische Denk- und Handlungsweise im beruflichen Kontext leben zu können.

Um welche Kompetenzen geht es vordringlich?

4.1 Kompetenz 1: Souveränes Zuhören

Systemisches Coaching ohne die Fähigkeit, souverän zuzuhören, ist kaum vorstellbar. In Abschn. 2.1.4 heißt es, ein systemischer Coach sei ein Virtuose des aktiven Zuhörens und der Fragekunst. Er coacht mithilfe von Fragen und gibt keine vorgefertigten Antworten vor.

In dem Buch „Co-aktives Coaching" von Laura Whitworth, Henry Kimsey-House und Phil Sandahl ist die Rede von drei Ebenen des Zuhörens (Whitworth et al. 2005, S. 30):

- „Auf der ersten Ebene ist das Zuhören innerlich. Wir hören die Worte des anderen, konzentrieren uns aber darauf, was sie für uns bedeuten und was sie uns sagen wollen.
- Die zweite Ebene ist das fokussierte und konzentrierte Zuhören. Die Aufmerksamkeit ist ganz auf den anderen gerichtet. (...)
- Die dritte Ebene ist ein globales Zuhören: Es erfasst die Gefühle, die Körpersprache und die Umgebung."

Die Autoren betonen, dass das Zuhören auf den ersten beiden Ebenen vorrangig auf die Worte ausgerichtet ist. Auf der dritten Ebene erfasst es alles andere, auch die Stimmung, den Rhythmus, die Energie. Aus meiner Sicht ist es insbesondere das globale Zuhören, das es dem systemischen Coach erlaubt, tief in die Denk- und Vorstellungswelt des Coachees einzutauchen.

Beispiel: Mehr zuhören als selbst reden – und Fragen stellen

Einmal mehr begegnen wir unserer Marketingleiterin Helene Sänger. Sie hat sich vorgenommen, den eigenen Redeanteil im Coachinggespräch auf ein Minimum zu beschränken. Sie möchte dem Coachee zuhören und Fragen stellen, die ihn zum Reden und Weiterreden veranlassen. Sie selbst konzentriert sich darauf, das Gehörte zusammenzufassen und mit eigenen Worten wiederzugeben, also zu paraphrasieren. Sie stellt vor allem offene Fragen, die ihr helfen, Unklarheiten anzusprechen, zu beseitigen und für Klarheit zu sorgen. Typische Fragen sind: „Habe ich Sie richtig verstanden …?“, „Was meinen Sie dazu?“, „Wie ist das zu verstehen?“ und „Was heißt das konkret für …?“ So gelingt es ihr, nach und nach innerlich und fokussiert zuzuhören und auf der globalen Ebene die Stimmungen und Gefühle des Coachees zu erspüren und wahrzunehmen.

Um den Prozess voranzutreiben, analysiert sie nach jedem Coachinggespräch ihr Gesprächsverhalten: „Wie war es um meinen Redeanteil bestellt? Habe ich aktiv zugehört? Habe ich, wo immer möglich, mit Fragen agiert? Was kann ich (wie) verbessern?“ ◄

Es hat sich bewährt, in den Coachinggesprächen im sogenannten Check-in das HIZZ-Prinzip zu nutzen. Mit ihm lassen sich ergebnisorientierte Dialoge in einer vertrauensvollen Atmosphäre führen.

► HIZZ steht für Hindernisse, Initiativen, Zielfortschritt und Zuversicht.

Dabei wird zunächst geklärt, was sich im Vergleich zum letzten Check-in verändert hat und welche Fortschritte es bei dem Coachee gegeben hat. Dazu stellt die Führungspersönlichkeit als Coachin eine Frage wie: „Was hat sich seit dem letzten Check-in konkret getan?“ In Abhängigkeit zum jeweiligen Thema fragt der Coach zudem nach möglichen Hindernissen: „Was bremst Sie aus? Welche Stolpersteine gibt es?“ Danach geht es um mögliche Initiativen: „Was werden Sie unternehmen, um die Ergebnisse zu verbessern?“ Ein weiterer Punkt ist die Frage nach dem Zuversichts-Level: „Wie zuversichtlich sind Sie, diese Ergebnisse zu erreichen?“

Auch beim HIZZ-Prinzip steht die Fragekunst im Zentrum.

4.2 Kompetenz 2: Zweifel zulassen und Reflexionsenergie aufbauen

Eine weitere wichtige Kompetenz ist die bereits angesprochen Fähigkeit (siehe Abschn. 2.1.3), in die Reflexion und Selbstreflexion zu gehen. Nur wer „out of the box“ denkt und fühlt, ist in der Lage, neue Wege zu sehen und zu beschreiten. Das ist die Voraussetzung, um mehrdimensional zu handeln, ständig die Perspektive zu wechseln und den Blick fürs große Ganze zu weiten.

Dazu ist es erforderlich, Zweifel und Selbstzweifel nicht nur zuzulassen, sondern geradezu herauszufordern. Der Zweifel an der Richtigkeit der eigenen Überzeugungen, Entscheidungen und Handlungen ist Grundlage konstruktiver und produktiver Reflexivität. Dazu gehört das Selbstverständnis, dass sich auch eine systemische Führungspersönlichkeit, die als Coach agiert, durchaus irren und mit einer Entscheidung oder einem Verhalten daneben liegen und falsch reagieren kann. Dazu gehört das Bewusstsein, dass Zweifel am eigenen Tun keine Schwäche, sondern eine Stärke ist – weil erst der Zweifel den Weg für Weiterentwicklung frei macht. Denn wer sich selbstzufrieden mit dem Erreichten und dem Status quo begnügt, legt sich bei der Weiterentwicklung selbst Steine in den Weg.

Zielführend ist es, die Analyseergebnisse der Reflexion und Selbstreflexion zu nutzen, um effektive Lernprozesse anzustoßen: „Welche zusätzlichen Kompetenzen und Qualifikationen brauche ich, um mich weiterzuentwickeln?“

Beispiel: Mit Selbstreflexionstagebuch zu Verbesserungen gelangen

Helene Sänger beschließt, ein Selbstreflexionstagebuch zu führen, in das sie die Ergebnisse und Erfahrungen ihrer Coachinggespräche und die Erkenntnisse zu ihrer Entwicklung zur systemischen Führungspersönlichkeit einträgt. Zudem sucht sie sich drei Coachingsituationen heraus, die sie in der Vergangenheit vor besondere Herausforderungen gestellt haben, um sie ausführlich zu analysieren: „Was ist gut gelaufen und was hat weniger gut funktioniert? War die Situation deshalb so schwierig, weil ich (zum Beispiel) mit einer vorgefassten unumstößlichen Meinung (Egobrille) in sie hineingegangen bin? Was hat dazu geführt, dass das Gespräch nicht optimal verlaufen ist? Welche Verhaltensweisen und/oder Strategien hätten mir geholfen, die Herausforderung besser zu meistern?“ Überdies befragt die Marketingleiterin die beteiligten Personen, wie sie die Situation empfunden haben, um der Selbstreflexion eine Fremdbeurteilung an die Seite zu stellen. ◄

4.3 Kompetenz 3: Beziehungen auf Augenhöhe gestalten

Als systemischer Coach ist es von großer Bedeutung, seine Coachees zu mögen. Mit anderen Worten: Gute erfolgreiche Coaches mögen Menschen! So ist es möglich, dem Coachee zu vertrauen und ihm auf Augenhöhe zu begegnen und ihn glaubwürdig auf seinem Entwicklungsweg zu begleiten. Wichtig ist, ohne Wertung und Voreingenommenheit zu agieren und den Coachee so zu nehmen, wie er ist.

Eine Führungspersönlichkeit will zum Empowerment des Coachees beitragen und ihn aktiv dabei unterstützen, sein berufliches Leben – vielleicht auch sein privates Leben – selbstbestimmt zu gestalten, indem er seine Stärken, Potenziale und Ressourcen optimal nutzt. Ziel des systemischen Coaches ist es, das Selbstbewusstsein des Coachees zu fördern und ihn zur Selbstermächtigung zu befähigen.

Die Beziehung zwischen einem Coach und einem Coachee hat immer eine menschliche und zwischenmenschliche Komponente. Es sollte so etwas wie ein Urvertrauen vorhanden sein. Darum steht zu Beginn des Coachingprozesses ein intensives Kennenlernen, bei dem die Spielregeln geklärt werden, die im Coachingprozess Berücksichtigung finden sollten. Die Erfahrung zeigt: Mit Empathie und Wertschätzung, Vertraulichkeit, Vertrauen, Wahrhaftigkeit, Ehrlichkeit und Zuverlässigkeit sowie gegenseitigen Respekt kann eine Coachingbeziehung entstehen und existieren.

Beispiel: Coachingprozess gar nicht erst starten

Helene Sänger beschließt, das Coaching mit einer bestimmten Mitarbeiterin nicht durchzuführen, weil es in der Vergangenheit des Öfteren mit ihr zu Auseinandersetzungen gekommen ist. Die Marketingleiterin kann sich beim besten Willen nicht vorstellen, wie sich zwischen der Mitarbeiterin und ihr ein von Respekt und Wahrhaftigkeit geprägtes Vertrauensverhältnis entwickeln und eine Beziehung auf Augenhöhe etablieren soll. Sie ist überzeugt, sie könne aus ihrer Rolle als Führungskraft nicht heraustreten und darum auch nicht eine coachende Haltung einnehmen. Auch die Mitarbeiterin glaubt nicht daran. Darum ist es besser, den Coachingprozess gar nicht erst zu starten. ◄

4.4 Kompetenz 4: Fokus auf *begleitende* Lösungsorientierung legen

Systemisches Coaching strebt nachhaltige Lösungen an. Allerdings: Der Coach führt keine Lösungen aktiv herbei, sein Part an der Lösung bleibt überschaubar. Vielmehr begleitet er den Coachee auf dem Weg zu dessen Lösung. Er beschränkt sich darauf, dessen Stärken, Potenziale und Ressourcen zu entwickeln und auszuschöpfen. Es ist immer der Coachee selbst, der entscheidet, wie er in die Nähe der Ziellinie gelangt und sie überschreitet. Der Coach öffnet lediglich Türen, der Coachee trifft die Entscheidung, ob und durch welche Tür er geht, um das nächste Level zu erreichen.

Beispiel: Hilfe zur Selbsthilfe

Helene Sänger arbeitet daran, im Coachingprozess dem Coachee den ganzheitlichen Spiegel vorzuhalten, der den Menschen als ganze Person und Persönlichkeit zeigt. Es geht um weit mehr als nur darum, im Job eine Topperformance an den Tag zu legen. Der systemische Ansatz hebt darauf ab, alle Lebensbereiche zu berücksichtigen. Im Mittelpunkt steht der Coachee mit seinen Hoffnungen und Befürchtungen, Erwartungen und Ängsten, Bedürfnissen und Problemen. Er soll sich als Persönlichkeit weiterentwickeln und alle Stärken und Kompetenzen ganzheitlich entfalten und nutzen. Es geht um die Potenzialentwicklung auf allen Ebenen, bis hin zur Persönlichkeitsentfaltung. Die Marketingleiterin agiert als verstehende Zuhörerin, treibt das Gespräch mit Fragen voran und hilft dem Coachee, zu *seiner* Lösung und zu *seinen eigenen* Antworten vorzudringen. Helene Sänger sieht ihre Aufgabe darin, dem Coachee dabei zu unterstützen, seine Träume, Sehnsüchte und Bestrebungen in Worte zu fassen und sich über seinen Lebenszweck und seine Lebensziele klar zu werden. ◄

4.5 Kompetenz 5: Flexible Anpassungsfähigkeit

Selbst unscheinbare Veränderungen bezüglich der Marktbedingungen, des Branchenumfeldes oder der unternehmerischen Abläufe ziehen weitreichende Konsequenzen nach sich. Wem es am systemischen Weitblick mangelt, ist nicht in der Lage, diese unscheinbaren Veränderungen mit der Entwicklung des Unternehmens und dem eigenen Verantwortungs- und Tätigkeitsbereich in Verbindung zu bringen – mit fatalen Folgen, weil sich die Entscheider urplötzlich mit jenen weitreichenden Auswirkungen konfrontiert sehen. Die kontraproduktiven Folgen verstärken sich, wenn es sich nicht nur um „normale" Veränderungen handelt, sondern um disruptive Umwälzungen, die mit einem Paradigmenwechsel einhergehen. Oft genug muss sich das Unternehmen dann vollkommen neu erfinden. Für die Beteiligten steigt der Überforderungsdruck ins Unermessliche, sodass sie oft nur noch reagieren, statt zu agieren. Hier hilft nur eine systemische Bewertung der Situation weiter, die mit einer ausgeprägten Anpassungsfähigkeit einhergehen sollte.

Eine weitere Herausforderung liegt in der Überbewertung des aktuellen Motivs. Was ist damit gemeint? Nun – die Fokussierung auf gegenwärtige Missstände hindert die Entscheider daran, ganzheitlich zu denken und zukünftige Entwicklungen gedanklich vorwegzunehmen. Die Konzentration auf das Alltagsgeschäft bremst den strategischen Weitblick aus.

Zur Verdeutlichung: Auch in Zeiten mit hohem Veränderungsdruck sind die Entscheider dafür verantwortlich, dass die Zahlen stimmen. Darum bündeln sie ihre Handlungsenergie für die Erreichung kurzfristiger operativer Ziele – und verlieren dabei die grundsätzlichen strategischen Ziele aus den Augen. Der systemische Blick geht verloren, weil er vom aktuellen Motiv „Gewinn" überlagert und verdrängt wird.

▶ Wer ganzheitlich agieren will, muss fähig sein, bei sich verändernden Rahmenbedingungen im unternehmerischen Umfeld rasch und effektiv zu handeln. Systemische Coaches sollten daher über die Fähigkeit verfügen, sich nachhaltig und konsequent auf Veränderungen einzulassen und einzustellen. Ohne Flexibilität und Anpassungsfähigkeit ist dies nicht möglich.

4.6 Kompetenz 6: Die richtigen Methoden, Techniken und Tools auswählen

In Abschn. 2.1.4 wurde auf einige Methoden des systemischen Coachings eingegangen, etwa auf das Reframing. Aber natürlich beherrscht ein systemischer Coach weitaus mehr Methoden, Techniken und Tools. Laura Whitworth, Henry Kimsey-House und Phil Sandahl sprechen von fünf elementaren Techniken: Zuhören, Intuition, Neugier, Handeln/Lernen, Selbstmanagement (Whitworth et al. 2005, S. 55–150). Diesen Techniken ordnen sie jeweils Unter-Techniken zu, die von „starken Fragen" über das Brainstorming bis zu „Auf den Punkt kommen" reichen – eine breite Palette, über deren Zusammensetzung sich gewiss diskutieren ließe.

Aus meiner Sicht sind weniger die Methoden, Techniken und Tools im Einzelnen relevant, sondern vielmehr die Bereitschaft des systemischen Coaches, sich ständig die Frage vorzulegen und zu beantworten, welche ihm – bisher unbekannten – Praxistools helfen könnten, eine ganzheitliche Sichtweise zu entwickeln und im Coachinggespräch alle Bezüge, Wechselwirkungen und Abhängigkeiten zu erkennen und zu analysieren, die für die Performancesteigerung des Coachees von Bedeutung sind. Dabei spielt es selbstverständlich eine Rolle, welche Methoden zur Persönlichkeit und Mentalität des Coaches passen und mit welchen Techniken er sich bei der Anwendung im Coachinggespräch wohlfühlt.

Beispiel: Auswahl der angemessenen Methode

Marketingleiterin Helene Sänger prüft vor einem Coachingprozess, welche Methoden sie einsetzen will. Im Idealfall wählt sie Tools aus, die gut zu ihr und ihren Haltungen und zugleich zum Coachee und zum konkreten Coachingprozess passen. Diese Abstimmung gehört für sie zu einem gelungenen systemischen Coaching dazu. ◄

4.7 Kompetenz 7: Bereit sein zum lebenslangen Lernen

Das ganzheitliche Handeln gelangt nie an einen Endpunkt. Das liegt in der Natur der Sache: Aufgrund der vielschichtigen Beziehungen und wechselseitigen Abhängigkeiten, in denen sich die Menschen in den Teams und im Unternehmen bewegen, ergibt sich eine Dynamik, die die Führungspersönlichkeit und den dreifachen systemischen Blick vor immer größere Herausforderungen stellt. Sie muss immer wieder prüfen, ob sie einen möglichen Kontext übersehen und zusätzlich zu beachten hat. Das heißt:

- Die Führungspersönlichkeit steht in der Verantwortung, ihren ganzheitlichen Weitblick zu schärfen und zu optimieren und sich systemisch weiterzubilden. Lebenslanges Lernen ist angesagt. Dazu gehört das Erlernen weiterer Methoden, Techniken und Tools des systemischen Coachings.

So sollte zum Beispiel der Reflexionsenergie-Tank ständig nach- und aufgefüllt werden. In ihrer Eigenschaft als Coach ihrer Mitarbeitenden hat die Führungspersönlichkeit ein Interesse daran, dass sich die Mitarbeitenden weiterentwickeln und zum lebenslangen Lernen bereit sind. Diesen Anspruch stellt sie auch an sich selbst. Grundlage sind die Ergebnisse der Reflexion und Selbstreflexion sowie die Erkenntnisse aus der kritischen Selbstüberprüfung und Analyse, aus denen sie ableitet, welche Verbesserungsprozesse erforderlich sind, damit sie weiterhin den dreifachen systemischen Blick realisieren kann.

Fazit

Der Kompetenzköcher des systemischen Coaches ist gut gefüllt, wenn er von sich glaubhaft sagen kann:

- „Ich beherrsche die Kunst des aktiven Zuhörens und des effektiven Fragestellens aus dem Effeff."
- „Ich bin zur ständigen Reflexion und Selbstreflexion dessen, was ich denke und tue, in der Lage."
- „Ich mag meine Coachees und unterstütze sie dabei, ihre Ziele zu erreichen."
- „Ich helfe meinen Coachees dabei, ihren eigenen Weg zu gehen und ihre eigenen Problemlösungen umzusetzen."
- „Ich bin darauf vorbereitet, mich den ständig wechselnden Rahmenbedingungen flexibel anzupassen."
- „Ich verfüge über einen gut gefüllten Koffer mit systemischen Methoden, Techniken und Tools, die ich individuell einsetze."
- „Ich bin bereit und willens zum lebenslangen Lernen und schärfe meinen systemischen Weitblick täglich."

Literatur

Erpenbeck, J. (2012). *Was „sind" Kompetenzen?* In: Faix, W. G. (Hrsg.). *Kompetenz. Festschrift Prof. Dr. John Erpenbeck zum 70. Geburtstag.* Band 4. Steinbeis-edition, S. 1–57.

Whitworth, L., & Kimsey-House, H., & Sandahl, P. (2005). Co-aktives Coaching. Neue Coaching-Techniken für mehr beruflichen und privaten Erfolg. Gabal. Das Buch liegt in einer vierten, überarbeiteten Auflage im Vahlen Verlag vor: Kimsey-House, H. u. a. (2025). *Co-Active Coaching. Der bewährte Rahmen für transformative Gespräche im Beruf und im Privatleben.* Zitiert wird nach der Gabal-Ausgabe.

5 Die Grundlagen der Kommunikation im systemischen Coaching

Zusammenfassung

Die kommunikativen Kompetenzen des systemischen Coaches sind von existenzieller Bedeutung für den Coachingerfolg – darum geht es in diesem Kapitel um die Grundlagen einer Kommunikation und Gesprächsführung, in deren Mittelpunkt der Entwicklungsweg und das Potenzialmanagement des Coachees stehen.

Souveränes Coachen und Führen heißt, exzellent zu kommunizieren. Das aktive und globale Zuhören und die Fragekunst haben bereits ausführlich Erwähnung gefunden. Aber Kommunikationssouveränität im Coachingprozess bedeutet weitaus mehr – und ist dann möglich, wenn die Führungspersönlichkeit als Coachin diese Prämissen berücksichtigt:

Übersicht: Fünf Prämissen für gelungene Kommunikation im systemischen Coaching

1. Der Coach verfügt über ein humanistisches Menschenbild.
2. Die Kommunikation fließt – mithilfe der Kommunikationskaskade.
3. Der Coach weiß, dass es keine Ursache-Wirkung-Kausalketten gibt, sondern Ursachenbündel.
4. Die eine Wirklichkeit gibt es nicht, und darum will der Coach erkennen, was andere Menschen wirklich denken.
5. Der Coach betrachtet den Kommunikationsprozess ganzheitlich.

© Der/die Autor(en), exklusiv lizenziert an Springer Fachmedien Wiesbaden GmbH, ein Teil von Springer Nature 2026
C. Polz, *Systemisches Coaching für souveräne Führungspersönlichkeiten*, essentials, https://doi.org/10.1007/978-3-658-50888-3_5

5.1 Prämisse 1: Humanistisches Menschenbild

In Johann Wolfgang von Goethes Roman „Wilhelm Meisters Lehrjahre" heißt es im vierten Kapitel des achten Buchs (Goethe 2015, S. 531): „Wenn wir die Menschen nur nehmen, wie sie sind, so machen wir sie schlechter; wenn wir sie behandeln, als wären sie, was sie sein sollten, so bringen wir sie dahin, wohin sie zu bringen sind." In meinen Worten meint das: „Behandle die Menschen so, als wären sie, was sie sein sollten, und du hilfst ihnen zu werden, was sie sein könnten." Denn Goethes Satz verweist darauf, dass es jedem Menschen gelingen kann, über sich selbst hinauszuwachsen, sofern sein Umfeld ihn nicht nur als denjenigen wahrnimmt, wer er zu sein scheint, sondern ihm etwas zutraut und auch etwas abverlangt, um zu dem zu werden, der er wirklich ist. Und das ist letztendlich der eigentliche Sinn und Zweck eines Coachings: Der Coach unterstützt den Coachee dabei, das Beste aus sich herauszuholen, seine Potenziale auszuschöpfen und zu entwickeln sowie (seine) Zukunft zu gestalten.

► Dies gelingt, wenn der Coach über ein humanistisch geprägtes Menschenbild verfügt und in den Coachees – den Mitarbeitenden – keine bloßen Funktionsträger, sondern vielmehr Individuen mit Körper, Geist und Seele sieht.

Leitidee ist eine Führungsethik, die in einem Menschen nicht ein Mittel zum Zweck, sondern den Zweck selbst sieht. Der Mensch wird als ganzheitliche Person gesehen – nicht als jemand, der eine Eigenschaft oder eine Kompetenz besitzt, die einer anderen Person hilft, ihre Ziele zu erreichen.

Erfahrungsgemäß kann ein Coach, der den Coachee nicht als Mittel zum Zweck, sondern als Zweck an sich sieht, mehr Wertschätzung, Vertrauen und Respekt entgegenbringen. Die Mitarbeitenden sind keine Rädchen im Unternehmensgetriebe, die zu funktionieren haben und primär Verursacher von Personalkosten sind, sondern einzigartige Individuen, die sich gern in den Dienst des Unternehmens stellen. Einem wertschätzenden Coach geht es um den einzelnen Menschen, den er im personenzentrierten Coaching mit Einfühlungsvermögen und menschlicher Zuwendung zu den Ergebnissen führt, die dem Unternehmen, der Abteilung und dem Coachee selbst nutzen. Mit anderen Worten: Eine Führungspersönlichkeit will als potenzialorientierter Coach, dem es um das ganzheitliche Wachstum der Mitarbeitenden geht, immer auch zur Weiterentwicklung des Teams und des Unternehmens, ja, vielleicht der Gesellschaft beitragen. Letztendlich will er daran mitwirken, was Frédéric Laloux, einer der zentralen Vordenker des New Work, die integral-evolutionäre und ganzheitlich orientierte Organisation nennt (Laloux 2015).

▶ Diese zeichnet sich vor allem dadurch aus, dass alle Beteiligten eine neue Form der sinnstiftenden Zusammenarbeit kreieren und einen gemeinsamen Sinn entwickeln wollen, den sie zusammen – als Mitglieder des Unternehmens – verwirklichen.

Nach Laloux ist das Ziel die sinnstiftende Organisation – und dieses Ziel hat sich auch die Führungspersönlichkeit als potenzialorientierte Coachin auf die Fahnen geschrieben (siehe dazu Martens 2024).

5.2 Prämisse 2: Die Kommunikation fließt – mithilfe der Kommunikationskaskade

Ein systemischer Coach, der den ganzheitlichen Blick verwirklichen will, verfügt über die Fähigkeit, auf allen verfügbaren Kommunikationskanälen zu funken. Er beherrscht den konstruktiven Dialog, indem er gemeinsam mit den Gesprächspartnern auf die Suche nach einer Lösung geht und nach Möglichkeiten Ausschau hält, die Potenziale, Stärken und Ressourcen der Teammitglieder und Mitarbeitenden zu heben, zu entwickeln und zu nutzen. Er setzt all die kommunikativen Techniken, Methoden und Tools, die eine gelungene Gesprächsführung wahrscheinlich machen, mit hoher Exzellenz ein. Dazu gehört auch die Körpersprache.

Der systemische Aspekt konkretisiert sich durch das, was Judith Claushues und Albert Hurtz „Kommunikationskaskade" nennen. Sie haben eine Kaskadenstruktur entwickelt, mit der sich die verschiedenen Abteilungen und Führungsebenen miteinander verzahnen lassen, und sprechen von einer Ziele-, einer Coaching- und einer Kommunikationskaskade (Claushues und Hurtz 2018, S. 205–239).

Die Zielekaskade sorgt dafür, dass sich Ziele widerspruchsfrei zwischen der Geschäftsleitung, den Bereichsleitern, den Abteilungsleitern, den Teamleitern und den Teammitgliedern abstimmen lassen. Alle Beteiligten ziehen an einem Ziele-Strang. Mit Coachingkaskade ist ein Coaching gemeint, bei dem jeder jeden coacht. Interessant für unseren Zusammenhang ist die Kommunikationskaskade: Alle Mitarbeitenden und Führungskräfte sind an allen für sie relevanten Kommunikationsprozessen beteiligt und haben Zugang zu allen relevanten Informationen: „Die Kommunikationskaskade stellt sicher, dass die erforderlichen Informationen über die Ziele und den jeweiligen Zielerreichungsgrad nahezu in

Echtzeit durch das Unternehmen fließen und jeder im Unternehmen genau über die für ihn erforderlichen Informationen verfügt." (Claushues und Hurtz 2018, S. 219) Das kaskadische Denken erlaubt ein gemeinsames Handeln über alle Bereichs-, Abteilungs- und Teamgrenzen hinweg.

Beispiel: Mit Kommunikationskaskade Informationsfluss gewährleisten

Wir erinnern uns nochmals an die Führungskraft Noah Kornbichler, die im Gespräch mit dem Mitarbeiter Christoph Smolka zwar konkrete Vereinbarungen getroffen hat, wie dieser zu besseren Leistungen gelangen kann. Allerdings hat Kornbichler es versäumt, jene Vereinbarungen an Team und Umfeld zu kommunizieren. Mittlerweile wird in dem Unternehmen das kaskadische Denken verwirklicht, sodass solche Vereinbarungen mithilfe der Kommunikationskaskade automatisch an alle Beteiligten weitergeleitet werden. Darum weiß jeder, dass Christoph Smolka sein Verhalten zu verändern und extrovertierter aufzutreten versucht – und so können sich die Beteiligten darauf einstellen. ◄

5.3 Prämisse 3: Keine Ursache-Wirkung-Kausalketten, sondern Ursachenbündel

Ein systemischer Coach denkt holistisch und in Zusammenhängen. Er beachtet stets die Beziehungen der Einzelteile zueinander und die Wirkungen aufeinander. So weiß er, dass es keine linearen und eindimensionalen Ursache-Wirkung-Kausalketten gibt, sondern stets mehrere Ursachen, also ein Ursachenbündel. Und Ursachenbündel führen zu vielen Wirkungen, die wiederum miteinander in Bezug stehen und sich beeinflussen. Zudem interpretiert er Unternehmen, Abteilungen und Teams als lebendige Systeme, die sich fortwährend weiterentwickeln und verändern. Darum scheut er nicht davor zurück, zuzugeben und zu akzeptieren, dass in einem lebendigen, vernetzten und sich permanent verändernden System nicht immer alles direkt und eindeutig erklärbar ist – auch für ihn nicht.

Trotzdem will er die Spielregeln und Muster, nach denen etwa die Zusammenarbeit im Team abläuft, erkennen. Wenn er alte Muster durchbrechen und Glaubenssätze neu etablieren will, muss er zunächst einmal abwarten, wie das System „Team" reagiert – um dann gegebenenfalls seinerseits darauf zu reagieren. Verlässliche Vorhersagen, wie ein System auf Veränderungen reagiert, gibt es nicht oder sind zumindest problematisch.

All dies beeinflusst sein kommunikatives Verhalten, das eher als „langsam sich vortastend“ beschrieben werden kann. Dazu passt der bevorzugte Einsatz der Fragetechniken, des Perspektivenwechsels und des Reframings.

Beispiel: Neue Coachingmethode nutzen

Marketingleiterin Helene Sänger hat eine Methode entwickelt, bei der sie den Coachingprozess mithilfe von zirkulären Fragen und Skalierungsfragen vorantreibt. So fragt sie zum Beispiel: „Wie zufrieden sind Sie mit Ihrer Situation in der Marketingabteilung, und zwar auf einer Skala von 1 bis 10? … Was müsste geschehen, damit Sie von der 4 auf eine 6 kommen?“ Zudem betrachtet sie Gewohntes aus anderen Blickwinkeln und ermuntert den Coachee dazu, Dinge ebenfalls in alternative Zusammenhänge zu stellen. ◄

5.4 Prämisse 4: Die eine Wirklichkeit gibt es nicht – erkennen, was andere Menschen wirklich denken

Die eine objektive Wirklichkeit existiert nicht, jeder Mensch konstruiert sich seine Wirklichkeit. Darum gilt: Jeder Coachee verfügt über seine subjektive, seine persönliche Wirklichkeitskonstruktion und individuelle mentale Landkarte. Und unterschiedliche Beschreibungen erzeugen unterschiedliche Realitäten.

Diese konstruktivistische Haltung ist die Ursache der meisten Konflikten: Zwei Personen, die sich in einem Konflikt befinden, haben zwei vollkommen unterschiedliche Sichtweisen auf den Konflikt. Die Wirklichkeitskonstruktionen sind nicht kompatibel miteinander – wobei der Coach weiß, dass auch seine Wirklichkeit eine Konstruktionsleistung sein kann. Darum ist die Fähigkeit zur Selbstreflexion so wichtig für ihn, denn sie hilft ihm, Wirklichkeitskonstruktionen zu durchschauen und zu einer zumindest objektiveren Wirklichkeit durchzudringen.

Das heißt:

- Der Coachingprozess kann nur gelingen, wenn sich der Coach der Tatsache des Konstruktivismus bewusst ist und sich in der Folge einen objektiveren Standpunkt erarbeitet. Zudem sollte er fähig sein, im Gespräch zu erkennen, was der Coachee wirklich denkt: Welche wahren Ansichten und Meinungen verbergen sich hinter dessen Wirklichkeitskonstruktionen? Wiederum helfen ihm das globale fokussierte Zuhören und die Fragekunst dabei, die Wirklichkeitskonstruktion des Coachees einzuschätzen und zumindest ansatzweise zu erkennen, was dieser wirklich denkt.

Der Coach akzeptiert, dass es äußerst komplexe Systeme, Zusammenhänge und Wirklichkeitskonstruktionen gibt, die für ihn nicht zu 100 % durchschaubar sind – und damit nicht steuerbar. Er ist sich seiner Grenzen bewusst, auch seiner kommunikativen. Aber selbstverständlich unternimmt er immer wieder den Versuch, sich im Dialog mit dem Coachee ein Fundament zu erarbeiten, auf dem sich die Stärken des Coachees weiterentwickeln lassen.

5.5 Prämisse 5: Kommunikationsprozess ganzheitlich betrachten

Wenn der Coach klar, zielorientiert und kongruent kommuniziert, gibt es eine fundierte Basis für gelungene Kommunikationsprozesse. Er beachtet, dass selbst geringfügige Verschiebungen in den Beziehungen zwischen den Teammitgliedern und im Verhältnis zwischen Coach und Coachee zu erheblichen Veränderungen im gesamten System führen können – also im Team und im Unternehmen. Zudem schaut er über den kommunikativen Tellerrand hinaus und behält die indirekt beteiligten Mitarbeitenden und Führungskräfte im Blick.

Dementsprechend agiert er bei der Gesprächsvorbereitung: Er überlegt, welche Relevanz und konkreten Folgen das Gespräch mit einem Coachee für ihn selbst und auch den Gesprächspartner haben könnte. Zudem versucht er, die möglichen Konsequenzen für Team, Abteilung und Unternehmen zu reflektieren. Seine Gesprächsführung ist darauf ausgerichtet, herauszufinden, welche Faktoren er beeinflussen kann, um Veränderungsprozesse erfolgreich umzusetzen.

Dabei hilft ihm die Unterscheidung zwischen intrapersonellem und interpersonellem Vorgehen:

- Das Ziel des systemischen Coaches ist es, in der Kommunikation mit den Coachees, Mitarbeitenden und Teammitgliedern zu erkennen,

  - was in einer Person selbst abläuft (intrapersonell): Wie nimmt sie sich selbst wahr, was bewegt sie, welche inneren Konflikte beherrschen sie und trägt sie mit sich aus, mit welchen inneren Widerständen hat sie zu kämpfen? Welche Gefühle und Emotionen sind für sie bestimmend?

- was zwischen den Personen geschieht (interpersonell): Welche Beziehungen gibt es zwischen den Personen? Wo sind welche Konflikte und Unterschiede beobachtbar, wo Gemeinsamkeiten und ähnliche Interessen und Positionen?

Bei der Einschätzung, was zwischen den Mitgliedern eines Teams geschieht und welche Beziehungen eine Rolle spielen, ist die bereits erwähnte Unterscheidung zwischen den formellen, offiziellen und sichtbaren Regeln und den informellen, inoffiziellen und nicht sichtbaren Regeln von Bedeutung, also die Differenzierung zwischen Vorder- und Hinterbühne.

Dabei gilt: Es sind Menschen, die die Normen und Regeln festlegen – das gilt sowohl für die formellen auf der Vorderbühne als auch die informellen auf der Hinterbühne. Und es sind Menschen, die diese Normen und Regeln brechen und verändern. Auch die Beziehungen mit- und untereinander sowie die Interaktionen mit dem äußeren Umfeld sind primär „menschengemacht". Und es sind letztendlich Menschen, die miteinander streiten und Konflikte austragen. Darum ist es so wichtig, als Coach alle am Kommunikationsprozess beteiligten Personen in den Blick zu nehmen, auch diejenigen, die – manchmal nur schwer erkennbar – auf der Hinterbühne agieren und trotzdem oder gerade deswegen den größten Einfluss auf das Teamgeschehen ausüben.

Fazit

Ein Coach ist auf dem Weg zum sinnstiftenden ganzheitlichen Unternehmen, wenn er sagen kann:

- „Ich verfüge über ein humanistisches Menschenbild."
- „Mithilfe der Kommunikationskaskade sorge ich dafür, dass die Kommunikation fließt."
- „Ich beachte im Coachingprozess, dass es keine Ursache-Wirkung-Kausalketten gibt, sondern komplexe Ursachenbündel mit vielfältigen Auswirkungen."
- „Ich möchte erkennen, was andere Menschen wirklich denken – wohlwissend, dass es die eine Wirklichkeit nicht gibt."
- „Ich betrachte den Kommunikationsprozess ganzheitlich und nehme alle beteiligten Personen in den Blick."

Literatur

Claushues, J., & Hurtz, A. (2018). *Lean Leadership. Agiles Lean gelingt nur mit den Menschen.* BusinessVillage, 2. Auflage.

Goethe, J. W. (2015). *Wilhelm Meisters Lehrjahre. Goethes Werke in 14 Bänden, Band 7: Romane und Novellen II.* Verlag C.H. Beck, 16. Auflage.

Laloux, F. (2015). *Reinventing Organizations. Ein Leitfaden zur Gestaltung sinnstiftender Formen der Zusammenarbeit.* Verlag Franz Vahlen.

Martens, A. (2024). *Coaching in der Organisationsentwicklung. Stufen der Reflexion. Interview mit Erich Schäfer und Wolfgang Kühl.* In: managerSeminare, Special Coaching, Beilage zu Heft 316, Juli 2024, S. 4–10.

Mit systemischem Coaching Unternehmens- und Teamführung professionalisieren

6

Zusammenfassung

Mit systemischem Weitblick gelingt es Unternehmern und Entscheidern, verborgene Dynamiken in Teams und Unternehmen zu erkennen, komplexe Zusammenhänge zu analysieren und die Teamarbeit und die Unternehmensperformance zu optimieren.

Unternehmer und Entscheider begreifen Unternehmen und Teams als offene und lebendige Systeme, die sich evolutionär auf der Grundlage der jeweiligen Stärken weiterentwickeln. Im Rahmen des Coachings und der Führung genügt es ihnen nicht, sich auf Einzelelemente zu fokussieren. Ihr Ausgangspunkt lautet: Unternehmens- und Teamführung gelingen, wenn sie ganzheitlich, strategisch und zielorientiert agieren, das große Ganze berücksichtigen und sich auf die Gesamtentwicklung des Unternehmens und des Teams als Organismus fokussieren. Das belegen die folgenden zwei Beispiele.

6.1 Beispiel 1: Unternehmensführung – Transformation gelingt nur mit systemischem Ansatz und Kulturwandel

Viele Unternehmen stehen unter erheblichem Veränderungsdruck. Unternehmer und Entscheider müssen als Führungspersönlichkeiten die Organisation durch die disruptive Transformation führen – gerade in ungewissen Zeiten mit Optimismus,

© Der/die Autor(en), exklusiv lizenziert an Springer Fachmedien Wiesbaden GmbH, ein Teil von Springer Nature 2026

C. Polz, *Systemisches Coaching für souveräne Führungspersönlichkeiten*, essentials, https://doi.org/10.1007/978-3-658-50888-3_6

Zuversicht und dem Vertrauen in die eigenen Stärken. So ist der konstruktive und zukunftsorientierte Umgang mit Komplexität und Ungewissheit möglich. Dabei ist es der systemische Blick auf das Unternehmensganze, der es erlaubt, im Transformationsprozess die Gründe für den Veränderungsdruck zumindest einzuschätzen und zu analysieren und auf der Grundlage der Analyse der Ist-Situation entsprechende Reaktionsmöglichkeiten einzuleiten und umzusetzen. Im Teamcoaching etwa überlegt die Führungspersönlichkeit gemeinsam mit den Beteiligten, mit welchen Maßnahmen es gelingt, den Transformationsprozess voranzubringen.

▶ Es liegt in der Verantwortung der Unternehmensleitung, eine Unternehmenskultur zu kreieren, in der alle bereit und fähig sind, den Transformationsprozess aktiv zu unterstützen. Es geht um den Aufbau einer transformationalen Unternehmenskultur, in der eine Aufbruchstimmung kreiert wird, durch die die Menschen Spaß und Freude daran haben, den Veränderungsprozess weiterzuentwickeln.

Die Führungspersönlichkeit stellt die Beantwortung folgender Fragen in den Mittelpunkt: Welche Konsequenzen und Auswirkungen hat der Transformationsprozess für die einzelnen Mitarbeitenden und deren Arbeitsplätze, für die Teams und die Abteilungen, für die Organisation insgesamt und das erweiterte Umfeld? Wie werden Kunden und Lieferanten reagieren?

Sie verfolgt das Ziel, einen systemischen 360-Grad-Blick oder umfassenden Rundum-Blick zu entwickeln und die transformationalen Folgen für alle Beteiligten zu berücksichtigen. Zu ihren wichtigsten Aufgaben zählen:

Übersicht: Vorrangige Aufgaben der Führungspersönlichkeit im Transformationsprozess

- Planung, Durchführung und Begleitung der kulturellen Transformation
- Wichtigstes Ziel: Kulturwandel und Entwicklung einer transformationalen Unternehmenskultur
- Entfachung einer Stimmung, die die Menschen animiert, sich zu engagieren
- Umgang mit Konflikten, Problemen und Fehlern (Fehler- und Lernkultur) optimieren
- Identifikation der Mitarbeitenden mit Unternehmen, Führungskräften, Produkten/Dienstleistungen und der jeweiligen Tätigkeit ermöglichen
- Kommunikative Verhaltensweisen verbessern
- Leistungsorientierung betonen und nach vorn stellen
- Konstruktiven Umgang mit Kunden und Stakeholdern umsetzen

Allein die Auflistung der Aufgaben verdeutlicht die Komplexität der Herausforderung. Ein zentrales Element, um die Komplexität zu meistern, ist das systemische Coaching. In den Teamsitzungen beschränkt sich die Führungspersönlichkeit nicht auf Einzelaspekte, sondern rückt stets das große Ganze in den Fokus. Sie analysiert und diskutiert mit den Teammitgliedern die Sinnhaftigkeit und Notwendigkeit, die Chancen und Risiken sowie die Folgen der Transformation für deren Arbeitsplätze, das Team, die Abteilung und das Unternehmen. Sie entfacht eine optimistische Aufbruchstimmung und betont die Vorteile des Kulturwandels für die Beteiligten. Dabei thematisiert sie eine sinnstiftende Vision und spricht mit den Menschen über das gemeinsame Ziel, damit sie sich für den Kulturwandel und die Transformation mit Herzblut und Leidenschaft stark machen.

Beispiel: Keine gelungene Transformation ohne kulturelle Transformation

Unternehmer Alex Souverän steht vor einer gewaltigen Transformation: Er will seine Firma von einer hierarchisch strukturierten Linienorganisation zu einer Matrixorganisation entwickeln, in der die Menschen in mehreren Projektteams zugleich tätig sind und selbstorganisiert und eigenverantwortlich an verschiedenen Aufgaben arbeiten.

Als systemisch handelnder Unternehmer beginnt er damit, gemeinsam mit einigen Transformationsbeauftragten Begeisterung für den Kulturwandel zu entfachen. Dazu führen Alex Souverän und seine Transformationsbeauftragten zahlreiche intensive Gespräche und Coachingsitzungen durch. Ziel ist, dem eigentlichen Transformationsprozess hin zur Matrixorganisation eine kulturelle Transformation vorzuschalten, sodass agile Arbeitsmethoden und Arbeitsweisen und ein modernes Führungsverständnis etabliert werden können, bei dem jeder Mitarbeitende Führungsverantwortung übernehmen kann – wenn er dies denn will. Schritt für Schritt bereitet der Unternehmer seine Teams und Mitarbeitenden in Coachingsitzungen darauf vor, die entsprechende Haltung und die erforderlichen Verhaltensweisen aufzubauen (siehe Polz 2025).

So entsteht eine Unternehmenskultur, die sich durch Transparenz und Offenheit sowie ein Klima des vertrauensvollen Miteinanders auszeichnet. Die Teammitglieder begegnen sich in cross-funktionalen Teams auf Augenhöhe und agieren ergebnisorientiert, ohne sich in Hierarchiekämpfen zu verzetteln. Durch Kollaboration – eine enge Art der Zusammenarbeit, bei der alle Teammitglieder gemeinsam und gleichzeitig an einem Projekt arbeiten – erreicht Alex Souverän im Vergleich zu vortransformationalen Zeiten eine weitaus bessere Team- und Unternehmensperformance. Sein Fazit lautet: „Erst auf dem Fundament der kulturellen Transformation war und ist es möglich, die Menschen für die Transformation zur Matrixorganisation zu begeistern und eine Aufbruchstimmung zu entfachen, die sie daran glauben lässt, ihre Zukunft und die des Unternehmens in die eigenen Hände nehmen zu können. So bauen sie Gestaltungswillen, Gestaltungsenergie und Gestaltungszuversicht auf." ◄

6.2 Beispiel 2: Teamführung – Dynamiken im Team systemisch analysieren

Wer Teams bei der Weiterentwicklung unterstützen will (Polz 2019, S. 62–78), ist klug beraten, einen systemischen Blick auf das Teamgefüge zu werfen und bei der Konfliktlösung, der Entscheidungsfindung und dem Veränderungsmanagement die innere Ordnung des Teams zu beachten.

Innere Ordnung – damit sind zum Beispiel die bereits angesprochene Vorder- und Hinterbühne gemeint, also das, was wir „von außen" erkennen, wenn wir auf das Team schauen, und das, was wir sehen, sobald wir in das Team schauen und auch die nicht sichtbaren Normen und Regeln und nicht sofort identifizierbaren Beziehungen zwischen den Teammitgliedern betrachten. Ohne die Kenntnis der Vorder- *und* Hinterbühne sind die Teamdynamiken und die Hintergründe der Teamentwicklung in ihrer Vollständigkeit und Wirkungsweise kaum interpretierbar.

Zum systemischen Blick auf das Teamgefüge gehört zudem, dass nicht nur das unmittelbare Umfeld des Teams Berücksichtigung finden darf. Auch das mittelbare Umfeld – oder das äußere Umfeld – sollte zum Gegenstand der Analyse werden. Was damit gemeint ist, zeigt ein Beispiel aus dem Sport: Ein Trainer, der seine Mannschaft zum Teamerfolg führen will, muss zum einen die angesprochene Vorder- und Hinterbühne unter die Analyselupe legen, mithin die sichtbaren *und* die zunächst unsichtbaren Regeln, die ausformulierten *und* die ungeschriebenen Normen. Er muss sich fragen, wer wen beeinflusst, welche Hierarchien auf der Vorder-, welche auf der kaum einsehbaren Hinterbühne eine Rolle spielen.

Aber damit nicht genug:

► Zum anderen sollte der Trainer analysieren, ob und inwiefern die Spieler Einflüssen unterliegen, die von außen auf das Team einwirken.

Gibt es zum Beispiel Spielerberater, die andere Interessen verfolgen als der Spieler selbst und ihn entsprechend beeinflussen? Das können auch Freunde und Verwandte oder andere Einflüsterer sein, die dem Spieler etwa suggerieren, der

Trainer lasse ihn auf der falschen Position spielen, auf der er nicht seine beste Leistung zeigen könne.

Ähnliches ist bei Teamarbeit im Unternehmen zu berücksichtigen:

Beispiel: Bedeutung des äußeren Umfeldes für die Teamdynamik

In dem Marketingteam der uns bekannten Marketingleiterin Helene Sänger wird das Teammitglied Leon Schmitt im privaten Bereich von seiner Partnerin unter Druck gesetzt, soll er doch unbedingt die Position des Teamleiters erobern. Koste es, was es wolle. Leon Schmitt wird von seiner Partnerin angetrieben, seine Leistungen zu betonen und in den Vordergrund zu stellen, um – so die Erwartung – seine Chancen zu erhöhen, den Teamleiterposten angeboten zu bekommen. Das hat Einfluss auf die Teamdynamik, denn Leon Schmitt verhält sich oft unkollegial. Letztendlich schadet er sich selbst. Entscheidend ist, dass er durch sein Verhalten Unruhe in das Team hineinträgt, für Konfliktstoff sorgt und die Teamleistung schmälert.

Nur aufgrund ihrer systemischen Haltung kann Helene Sänger die Überlegung anstellen, bei der Ursachenforschung für das Verhalten des Teammitgliedes auch dessen privates Umfeld zu beleuchten und im Coachinggespräch anzusprechen. Durch ihre einfühlsame Fragetechnik gelingt es ihr, den wahren Gründen für Leon Schmitts kontraproduktives Verhalten auf die Spur zu kommen. Jetzt hält sie den Schlüssel in der Hand, um mit ihm ein lösungsorientiertes Gespräch zu führen. ◄

Das Beispiel zeigt: Bei der Teamführung und Teamentwicklung sind die Kenntnis der inneren Ordnung des Teams und des mittelbaren Umfeldes unerlässlich. Erst der ganzheitliche Blick auf die innere Ordnung *und* das mittelbare Umfeld erlaubt es, zwar nicht alle, aber doch die meisten Zusammenhänge und Abhängigkeiten zwischen den Teammitgliedern und den Prozessen zu erkennen, die für die Teamdynamik und die Teamarbeit relevant sind.

Zentral ist, dass einer Führungspersönlichkeit, die als systemische Coachin unterwegs ist, möglichst alle Informationen vorliegen, um jene innere Ordnung vollständig und objektiv erkennen und beurteilen zu können. Ist das nicht der Fall, droht die Gefahr, lediglich an der Oberfläche an den Symptomen herumzudoktern.

Für das mittelbare Umfeld gilt, dass die Führungspersönlichkeit oder die systemische Coachin den Mut aufbringen sollte, im Coachingprozess couragiert auch private Aspekte zu berücksichtigen und anzusprechen.

Fazit

Die Beispiele aus den Bereichen der Unternehmensführung und der Teamführung verweisen auf unterschiedliche Einsatzbereiche des systemischen Coachings:

- Der strategische Weitblick hilft der Führungspersönlichkeit, selbst bei umfassenden Veränderungen bis hin Transformation alle, zumindest jedoch möglichst viele Aspekte in den Blick zu nehmen.
- Ganzheitliches Handeln lassen die Führungspersönlichkeit bei der Teamentwicklung über den Tellerrand des Offensichtlichen blicken. So ist sie in der Lage, Aspekte einzubeziehen, die nicht direkt ersichtlich sind, weil sie die innere Ordnung und das äußere, nur mittelbar wirksame Umfeld des Teams betreffen.

Literatur

Polz, C. (2025). *Souverän in Transformation. Den Weg zur transformationalen Unternehmenskultur aktiv und kreativ gestalten.* Springer Gabler.

Polz, C. (2019). *Agile Teamarbeit. Mit menschlich-agilem Leadership Teams und Unternehmen erfolgreich in die Zukunft führen.* BusinessVillage.

7 Mit systemischem Coaching Mitarbeiterführung verbessern

Zusammenfassung

Die Führungspersönlichkeit nutzt das ganzheitliche Coaching, um Konflikte nachhaltig zu lösen, die Mitarbeitenden ganzheitlich zu entwickeln, für organisationale und individuelle Resilienz zu sorgen und zielorientierte Entscheidungen zu treffen.

Die drei Beispiele belegen, welche dominante Rolle der systemische Weitblick bei der Mitarbeiterführung spielt oder spielen sollte und welche Fortschritte die Führungspersönlichkeit durch systemisches Coaching erreicht.

7.1 Beispiel 1: Konflikte systemisch mit 360-Grad-Blick angehen

Konflikte lassen sich nur dann nachhaltig lösen, wenn die Führungspersönlichkeit bereit ist, sich einen Überblick zur Konflikthistorie zu verschaffen. Sie steht in der Verantwortung, festzustellen, welche Mitarbeitenden und Konfliktparteien in welchem Ausmaß an der Auseinandersetzung beteiligt sind und welche Konfliktursachen vorliegen. Sobald eine Lösung gefunden worden ist, informiert sie alle Beteiligten.

Zentral ist die Beantwortung der Frage, ob und inwiefern die Führungspersönlichkeit selbst aktiv in den Konflikt involviert ist und zu den handelnden Personen

© Der/die Autor(en), exklusiv lizenziert an Springer Fachmedien Wiesbaden GmbH, ein Teil von Springer Nature 2026
C. Polz, *Systemisches Coaching für souveräne Führungspersönlichkeiten*, essentials, https://doi.org/10.1007/978-3-658-50888-3_7

zählt. Danach geht sie mit den beteiligten Konfliktparteien in die Analyse und prüft im Coachinggespräch, welche ersichtlichen Motive, Einstellungen und Haltungen, aber auch welche inneren Glaubenssätze und Überzeugungen das Verhalten im Konfliktfall beeinflussen könnten. Ziel ist, mithilfe des systemischen 360-Grad-Blicks eine fundierte Grundlage für eine langfristig wirksame Konfliktlösung zu realisieren.

Den Rundum-Blick nutzt die Führungspersönlichkeit nicht nur im Konfliktgespräch, sondern in jedem Kontakt mit Mitarbeitenden. Ob Kritikgespräch, Zielvereinbarungsgespräch, Motivationsgespräch, Beurteilungsgespräch oder welche Gesprächsart auch immer:

▶ Ziel ist, mit der ganzheitlichen Herangehensweise alle Facetten des Konflikts zu erkennen, um individuell agieren zu können und dabei auch den jeweiligen Reifegrad und Entwicklungsstand der beteiligten Mitarbeitenden zu beachten. Konkretes Beispiel: Nicht jeder Mitarbeiter kann gleich gut und konstruktiv mit Kritik umgehen. Mithilfe ihrer breit gefächerten kommunikativen Kompetenzwerkzeuge geht die Führungspersönlichkeit auf jeden Menschen gezielt und individuell ein – natürlich auch im Coachinggespräch.

7.2 Beispiel 2: Ganzheitliche Entwicklung des Coachees anstreben

Die Führungspersönlichkeit möchte nicht nur dafür sorgen, dass die Mitarbeitenden am Arbeitsplatz „funktionieren" und ihre Aufgaben bestmöglich erfüllen. Zudem will sie einen Beitrag zur ganzheitlichen Entwicklung der Mitarbeitenden leisten und sie darum bei und in ihrer Persönlichkeitsentwicklung unterstützen (falls dies von den Mitarbeitenden gewünscht wird). Systemisches Coaching heißt für sie, den Coachee so zu unterstützen, dass dieser sich an seinem Arbeitsplatz wohlfühlt, seine Kompetenzen am Arbeitsplatz einsetzen sowie seine Persönlichkeit entwickeln kann.

Letztendlich geht es ihr um Empowerment, um den Prozess der Selbstbemächtigung und Selbstkompetenz und um das, was Whitworth, Kimsey-House und Sandahl die „Erfüllung des Klienten" und den „Lebensprozess des Klienten" nennen (Whitworth et al. 2005, S. 152, 185). Sie trägt mit dem Lebensprozess-Coaching dazu bei, dass ein Coachee seine Stärken, Energien und Ressourcen nutzen kann, um die Kontrolle über sein Leben zu gewinnen und selbstbestimmt zu handeln. Das gilt vor allem für den beruflichen Bereich.

Aber dies ist nicht der einzige Punkt, bei dem die Führungspersönlichkeit systemisch denkt und eine ganzheitliche Entwicklung der Mitarbeitenden anstrebt. So möchte sie im Unternehmen, in der Abteilung, im Team und am Arbeitsplatz ein Klima schaffen, in dem ein angstfreies Arbeiten möglich ist und sich die Menschen sicher fühlen.

Hintergrundwissen: Psychologische Sicherheit
Nach der US-amerikanischen Sozialwissenschaftlerin Amy C. Edmondson stellt die „psychologische Sicherheit" einen zentralen Sicherheitsanker in disruptiven und transformationalen Zeiten dar, die durch ständige Paradigmenwechsel und umfassende Veränderungsprozesse gekennzeichnet sind. Die psychologische Sicherheit ist ein Schlüsselfaktor für die Widerstands- und Leistungsfähigkeit von Teams und Mitarbeitenden. Nach Edmondson arbeiten Menschen besser, zielführender und effektiver, wenn sie in einem als sicher empfundenen Umfeld agieren können (Edmondson 2020).

Die Führungspersönlichkeit möchte den Mitarbeitenden eine Umgebung bieten, in der sie mit Freude und Spaß arbeiten und sich trauen und zutrauen, ungewöhnliche Wege einzuschlagen und mithilfe ihrer Kreativität innovative Problemlösungen zu erarbeiten. Darum bietet sie ihnen stabile Rahmenbedingungen und geschützte mentale Räume, in denen diese sich gern einbringen und auch Risiken eingehen wollen. Wenn die Mitarbeitenden wissen, dass ihnen dabei Fehler und Irrtümer unterlaufen dürfen, ohne dass negative Konsequenzen drohen, sind sie eher bereit, couragiert neue Wege auszuprobieren.

Eine Führungspersönlichkeit schafft im Unternehmen eine Atmosphäre, in der sich die Menschen zu starken, leistungsfähigen und widerständigen Individuen entwickeln können. Darum stärkt und fördert sie die Widerstandskräfte und die Resilienz aller Mitarbeitenden. Aufgrund ihres ganzheitlichen Blicks weiß sie:

- Starke, resiliente und widerstandsfähige Mitarbeitende führen zu einem starken, resilienten, widerstandsfähigen und letztendlich performanten Unternehmen. Organisationale und individuelle Resilienz sind die zwei systemischen Seiten einer Medaille: Einerseits lässt sich organisationale Resilienz aufbauen, wenn die Menschen ihren individuellen Resilienzfaktor erhöhen. Anderseits gelingt der Auf- und Ausbau resilienter Strukturen auf der Ebene der Mitarbeitenden, wenn die Unternehmensführung eine resiliente Unternehmensentwicklung anstrebt.

7.3 Beispiel 3: Entscheidungen mit systemischen 360-Grad-Blick angehen

Führungspersönlichkeiten nutzen den 360-Grad-Blick, um sich bei schwierigen Entscheidungen ein umfängliches Bild zu verschaffen. Sie wollen ihre Entscheidungen nicht von einem oder einigen wenigen Kriterien abhängig machen. Natürlich: Wer so agiert, läuft Gefahr, sich im Dickicht der Pro- und Contra-Argumente zu verlieren, weil die Komplexität der Entscheidungsfindung überborden könnte.

Allerdings: Für eine Führungspersönlichkeit gehören Entscheidungskonflikte zur Normalität. Sie stellen sie zwar vor besondere Herausforderungen, sind jedoch kein Grund, sich von ihnen zerreiben zu lassen oder eine Entscheidungsschwäche auszubilden. Denn nur eines ist schlimmer, als eine falsche Entscheidung zu treffen: nämlich gar keine zu treffen. Zumal die Frage, ob eine Entscheidung richtig oder angemessen war, sich oft erst mit einem zeitlichen Abstand bewerten lässt. Eine Führungspersönlichkeit, die sich diese Einstellung erarbeitet, befreit sich von der Last der perfekten Entscheidung. Sie weiß: Eine Traumlösung gibt es so gut wie nie.

Ihr Weg besteht darin, mit dem 360-Grad-Blick alle Aspekte der Entscheidung zu analysieren, mehrere Entscheidungsalternativen aufzustellen und schließlich abzuwägen, welche Entscheidung mit hoher Wahrscheinlichkeit die beste ist – wohlwissend, dass sie sich irren kann. Der Vorteil der systemischen Vorgehensweise ist: Die Führungspersönlichkeit hat sich Entscheidungsalternativen überlegt – bei einem Irrtum ist es möglich, auf eine der bereits vorhandenen Optionen zurückzugreifen.

Der Zusammenhang mit dem systemischen Coaching ist der folgende:

- In Coachinggesprächen geht es oft darum, zusammen mit dem Coachee zu einer Entscheidung zu gelangen. Der 360-Grad-Blick hilft der Führungspersönlichkeit, Entscheidungen so zu treffen, dass einerseits ihre eigenen

Ziele und Werte Berücksichtigung finden und zugleich die Interessen des Coachees und des Unternehmens gewahrt bleiben.

Der systemische Blick hilft der Führungspersönlichkeit dabei, ihre eigene Entscheidungsfindung zu verbessern (Polz 2025, S. 22–23), und damit ihr Selbstmanagement. Das zeigt ein Beispiel:

Beispiel: Entscheidungsfindung optimieren

Bevor der Unternehmer Alex Souverän eine (wichtige) Entscheidung trifft, beschäftigt er sich mit drei Fragen:

- Frage 1: „Hilft mir die Entscheidung dabei, meiner Lebensvision näher zu kommen?" Alex Souverän reflektiert die Entscheidungsmöglichkeiten unter einem übergreifenden Gesichtspunkt. Er bezieht nicht nur die naheliegenden Aspekte und Kriterien ein, sondern denkt ganzheitlich. Bei unternehmerischen und geschäftlichen Entscheidungen bedenkt er seine berufliche Vision und legt die Entscheidungsoptionen zum Beispiel (auch) unter die ethische Analyselupe.
- Frage 2: „Welche der Entscheidungsmöglichkeiten passt am besten zu meinen Werten?"
- Frage 3: „Verfüge ich über die Kapazitäten und die Kompetenz, die Entscheidung in die Umsetzung zu bringen?" ◄

Entscheidungssouveränität entsteht, wenn die Führungspersönlichkeit keine Angst vor falschen Entscheidungen hat und bereit ist, auch einmal eine Fehlentscheidung zu riskieren und dann die Konsequenzen zu tragen.

Fazit

Der systemische Weitblick der Führungspersönlichkeit führt zu konkreten Verbesserungen bei der Mitarbeiterführung:

- Konflikte lassen sich nachhaltig lösen.
- Die ganzheitliche Entwicklung der Mitarbeitenden ist möglich, bis hin zur Persönlichkeitsentwicklung.
- Entscheidungen erfolgen auf einer breiteren und fundierteren Basis.

Literatur

Edmondson, A. C. (2020). *Die angstfreie Organisation: Wie Sie psychologische Sicherheit am Arbeitsplatz für mehr Entwicklung, Lernen und Innovation schaffen.* Franz Vahlen Verlag.

Polz, C. (2025). *Souveräne Unternehmensführung. Inspirationen für herausfordernde Zeiten.* Haufe Verlag.

Whitworth, L., & Kimsey-House, H., & Sandahl, P. (2005). *Co-aktives Coaching. Neue Coaching-Techniken für mehr beruflichen und privaten Erfolg*. Gabal. Das Buch liegt in einer vierten, überarbeiteten Auflage im Vahlen Verlag vor: Kimsey-House, H. u. a. (2025). *Co-Active Coaching. Der bewährte Rahmen für transformative Gespräche im Beruf und im Privatleben.* Zitiert wird nach der Gabal-Ausgabe.

Was Sie aus diesem *essential* mitnehmen können

- Systemisches Coaching ist die Voraussetzung für die nachhaltige Entwicklung der Teams und des Unternehmens. Durch den ganzheitlichen Blick werden der Unternehmens- und der Teamerfolg wahrscheinlicher.
- Der dreifache systemische Blick führt zur Entwicklung eines performanten Unternehmens, bei dem die Aktivitäten darauf ausgerichtet sind, den beteiligten Menschen – Leitenden, Führenden und Mitarbeitenden – zu besseren Leistungen zu verhelfen.
- Entscheidend ist die Formel „Coachingerfolg = Coachinghaltung x Verhalten". Souveräne Führungspersönlichkeiten fühlen sich dieser Formel verpflichtet.
- Zentrale Kompetenz eines systemischen Coaches ist die Selbstreflexion. Als souveräne Führungspersönlichkeit verfügt er über ein humanistisches Menschenbild und ist aufgrund seines ganzheitlichen Mindsets und der Beherrschung systemischer Kompetenzen zum nachhaltigen Vertrauensaufbau in der Lage. So entwickelt er das Unternehmen zu einer performanten Organisation.

© Der/die Herausgeber bzw. der/die Autor(en), exklusiv lizenziert an Springer Fachmedien Wiesbaden GmbH, ein Teil von Springer Nature 2026

C. Polz, *Systemisches Coaching für souveräne Führungspersönlichkeiten*, essentials, https://doi.org/10.1007/978-3-658-50888-3

MIX
Papier aus verantwortungsvollen Quellen
Paper from responsible sources
FSC® C105338

If you have any concerns about our products,
you can contact us on
ProductSafety@springernature.com

In case Publisher is established outside the EU,
the EU authorized representative is:
Springer Nature Customer Service Center GmbH
Europaplatz 3, 69115 Heidelberg, Germany

Printed by Libri Plureos GmbH
in Hamburg, Germany